正しいズボラで昆布使いの達人へ
～序に代えて～

●おいしくないのはズボラにあらず

「ナマクラ流ズボラ派　家庭料理研究家」。これが私の肩書です。この肩書だけを最初に見た方の反応は、大体二つに分かれます。さぞやすごい手抜き料理をつくるのだろうとわくわくしながら期待される方と、眉をひそめて怪訝な顔をされる方と。けれど、実際に料理をご覧になると、どちらのタイプの方も一様にびっくりされて、首をかしげて、うーんとうなるのです。

それはどうしてかというと、ナマクラ流ズボラ派といいながら、決して市販のだしの素やスープの素の類は使わないし、決して半調理品やレトルトの食材も使いません。それどころか、料理の前には毎回カツオ節を削り、昆布を切り、自分で炒ったゴマをすり鉢ですっています。それって、ナマクラでもズボラでもなんでもないじゃないか、と皆さんはいいかけるのですが、さらによおーく見ていくと、昆布もカツオ節も、そのまま煮物やみそ汁に入ったままになっているのです。つまり従来の昆布使いのように、濾《こ》したり引き上げたりしていない。うーん、これはやっぱりズボラなのか……。

そもそもズボラってなんでしょう。ナマクラ流ズボラ派の家元的にいうならば、正しいズボラと正しくないズボラがあると思います。自分が楽をするために手を抜くのはともかくとして、そのためにおいしくなくなるのでは正しいズボラとはいえません。ただ場当たり的に手を抜いたらいいというものではなく、正しい手抜きのツボがあるように思うのです。それが私のいう正しい〝ズボラ〟なのです。

●昆布を気楽に使うためのアイデアを満載

そういう意味では、だしはすべての料理の基本ですから、これは手を抜かないほうがいい。だしといえば、昆布、カツオ節、だしジャコ、干しシイタケなどなど。この中で特に昆布は強力な自己主張をしないので、だしの主役にはなれないのですが、その代わりに料理の中の黒子としてはこのうえなく有能な食材です。カツオ節と組み合わせればカツオ節を立て、だしジャコと組み合わせればジャコの旨みを倍増させ、鶏肉や魚介と合わせても、その旨みをしっかり引き立たせてくれます。精進料理などでは昆布と野菜だけで旨みを出していきますが、この場合でも野菜の旨みをうまく陰から引き出すために、昆布の存在は欠かせません。

よく昆布の使い方が分からないとか、昆布を水に浸けて煮出しても旨みが出ているのかどうかよく分からないという人がいます。正確にいうと、昆布はそれだけでもいい味を出しているのですが、単品で使うよりはむしろ何かと組み合わせて黒子に回らせるほうが、昆布の性質的には理にかなっていると思います。

そうであれば、昆布を入れることで、ただ普通に料理するよりも旨みが引き立つ、いや、昆布を入れさえすれば、多少手を抜こうがまずくなることは絶対ない。いやいや、手を抜いても間違いなくおいしいものをつくりたいのならば、昆布は必要不可欠なものなのではないか、そんなふうに私は思うのです。しかし従来どおりに昆布を使えば、いくら手を抜いても失敗しなくなります、といったところでズボラ向きではありません。使うたびに袋の中から必要な昆布を切り取っては鍋に入れ、一晩水に浸け、火にかけた後は沸騰直前に引き上げて……。書いているだけでもいやになってきますね。そこは、ズボラの家元の私にお任せあれ。短冊に切って保存すること、これをさらに細切りにし

ていきなり煮始め、それをそのまま具として食べてしまうなどなど、昆布を気楽に使うためのアイデアを、この本の中にはたくさんちりばめました。

●中華にも、イタリアンにもどしどし使って

そして和食だけでなく、中華、イタリアン、エスニック、どんなジャンルの料理にも昆布を入れてしまうのが特徴で、昆布がいかに有能な黒子かということを、この本を見ていただけばきっと納得していただけると思います。

というわけで昆布をうまく使えるようになれば、料理の腕が何ランクもアップすること間違いなし、です。それも難しい技はまったく必要ではなく、ただ、今までつくっていた料理に、昆布を細切りにして加えるだけ。そう、たったこれだけなのです。

昆布がうまく使えるようになると、得することがもうひとつありました。昆布って、乾物の中でもちょっと品があって、お高い感じのする乾物ですよね。そして、種類も豊富。となると、昆布を使い分けられるようになると、まず料理が格段に楽しくなるし、格段においしくもなります。けれど、それよりも何よりも友達に料理をつくってあげるときなど、ちょっとプロっぽくてかっこいい、これは絶対間違いなしです。昆布を当たりまえに使えるなんて、昆布を使い分けられるなんて、すごーい!! 賞賛の嵐が起こり、誰もがもう昆布なしの生活は考えられなくなるに違いありません。

さあ、これまでどうも昆布がうまく使いこなせなかった人、昆布なんてと敬遠していた人、もらい物の昆布はあるのだけれど鍋物以外に使ったことがなかった人、今がチャンスです。昆布使いの達人になって、ズボラでおいしい料理をつくりましょう。

二〇〇二年九月

奥薗壽子

［遊び尽くし］もっと手軽に昆布術

●

もくじ

〈材料協力先〉

◇奥井海生堂
〒914-0063 福井県敦賀市神楽町1-4-10
☎0770-22-0493

◇次郎長屋
〒420-0857 静岡県清水市御幸町4電々ビル1階
☎054-254-9481

昆布と鮭を炊き込んだご飯

序章

奥薗流
昆布クッキング術

旨みと風味をたっぷり封じ込めた昆布の雄姿

私の昆布奮戦記～化石と化した昆布を救出せよ～

●そうだった、この昆布、どうしよう

炊きあがったご飯のふたをあけると、そこにはほかほか湯気の上がった昆布が1枚。それをお箸でそろっと持ち上げながら、一瞬手が止まる……これ、どうしよう……。

とりあえずは、そのへんのお皿を1枚取り出して、そのほかほか湯気の立つ昆布を置いたら、ご飯を飯台に取り出して、合わせ酢を混ぜます。あとは、甘辛く煮ておいたニンジンやら干しシイタケやら高野豆腐やらチリメンジャコやらを適当に混ぜ、錦糸卵ともみのりを散らせば、関西風のバラ寿司のできあがり。この時点で、例の昆布はすっかり忘れ去られていることがほとんど。

その昆布が再び日の目を見るのは、食後の片づけを始めたときです。端のほうが若干乾いて、少し内側にカールして縮れている。嗚呼《ああ》、そうだった、この昆布、どうしよう……。

捨てるにはしのびないし、かといって、このまま食べるわけにもいかないし、佃煮にするという手もあるけれど、たったこれだけの量を佃煮にするのは、なんとなく面倒くさい気がするし。

そうだ、とりあえずは1cm角に切って、ラップに包み冷凍保存しておこう。これがいくつかたまったら、取り出して、一気に佃煮にすればいい、ああ私ってなんてよくできた主婦なんだろう……。

●冷凍の包みが一つ増え、二つ増え

ところが、こうしてできたラップの包みは、一つ増え、二つ増え、三つになっても四つになっても、いっこうに冷凍庫から出される気配はなく、気がついたらもう年末。年末の大掃除で、冷凍庫もきれいさっぱり整理整頓しなくっちゃ。こうして、化石と化した他の食料といっしょに、哀れな角切りにされた昆布たちは、ゴミ箱に捨てられるのでありました。

そんなことを毎回繰り返しているうちに、これではいかんと、一大奮起。これでは、昆布を切ったり包んだりする手間がまったく無駄になっているし、大体、だしを取った後とはいえ、まだまだ栄養分の残っている昆布を捨てるなんて、やっぱり罰当たりもいいところ。けれど根性なしの私にとって、一度冷凍した昆布を再び取り出して、佃煮にするなどということは、相当がんばっても無理な気がするのでした。さらにはひとたび昆布を使ったなら、角切りにしてラップで包んで佃煮にまでつくらなければいけないのだと思うと、昆布を使うことさえ面倒くさくなる始末。

●最初から切って入れて、いっしょに食べる

　そこで、昆布を引き上げず、佃煮にもしなくていい方法はないものかと考えるようになりました。そしてとうとう、いいことを思いついたのです。

だし取りだけでは、いかにももったいない。全部丸ごと味わいたい（写真は利尻昆布）

　引き上げて切って保存しようとするから、面倒くさいのであって、最初から切って入れてしまえば引き上げることができないので、そのまま具として食べられるのではないか。つまり、煮物でもみそ汁でも、全部細切りにして最初から入れてしまうということなのです。細く切った昆布は煮えるのも早いし、旨みもよく出ます。ほかの具が煮える間に充分やわらかくなり、全部食べてしまうことができます。これなら、わざわざ取り出した昆布を佃煮にする必要がまったくありません。

　ちなみに酢めしのときはどうしたらいいのでしょうか？　これもみそ汁や煮物と同様、細切りにした昆布を米といっしょに炊き込んでしまうのです。後は、そのまま合わせ酢を混ぜてしまうだけ。わが家の寿司めしは、細切り昆布がところどころに混ざっていますが、充分やわらかく煮えているので、口の中ではまったく違和感がありません。これなら寿司めしをつくるたびに、ネバネバ米粒のついた昆布を持て余すことはもうありません。

　ほらね、昆布がぐぐっと身近に感じられるようになってきたでしょ？

おもな昆布の種類と特徴

●種類は多いが、流通は限られる

昆布の種類はとても多いのですが、今日本で生産されて流通しているものというふうに考えると、数種類しかありません。そしてそのほとんど9割以上が北海道で生産されています。

真《ま》昆布

北海道の渡島《おしま》半島を中心とする、いわゆる道南地域でおもに採れます。色は少し緑がかっていて、幅が広いのが特徴です。

口に入れると上品な甘みが口いっぱいに広がり、そのうちとろりと口の中でとろけてくる食感もおいしいので、私はよくおしゃぶり昆布代わりに食べています。

だし汁は透き通っていて甘みがあり、また昆布自体もすぐにやわらかくなりますから、細く切って使うには、特におすすめです。

ただし、漬け物に入れる場合は独特の粘りが出やすいので、粘りが出るのを嫌う場合は、避けたほうがいいかもしれません。

近年は養殖物もずいぶん出回るようになってきましたが、やはり旨みの点では天然物とは比べものになりません。できれば天然物を使いたいところです。

利尻昆布

利尻《りしり》、礼文《れぶん》両島沿岸を中心に採れる昆布。幅はそれほど広くないですが、真っ黒な色はちょっと迫力があって、いかにも昆布という感じがします。

だし汁は、真昆布よりは甘みに欠ける感じはしますが、旨みの点では堂々たる風格があります。だし汁が透き通っているのが、いかにも料理の色を気にする関西人好みで、特に澄まし汁などにはよく使われます。

真昆布よりちょっと硬いのが難点で、奥薗流の細切りは、ちょっと手が疲れるかもしれません。

日高昆布（三石《みついし》昆布）

いわゆる日高《ひだか》昆布として売られているのがこの昆布です。真昆布よりは幅が狭く、旨みはやや薄い感じ。関東では、根強い日高信仰があって、高級昆布の代名詞という感じさえあります。

特に井寒台《いかんだい》というところで採取される「井寒台」は、日高昆布の中でも最高級品とされています。乾いているときは、普通の日高昆布とそんなに違いがあるようには見えないのですが、いざ水に戻してみると、幅も厚みもびっくりするくらいに大きく厚くなるのが特徴です。近年は海の汚染の影響もあり、戻り幅が小さくなったと嘆く関係者の声もありますが、まだまだ、その美しい姿は健在だと思います。

肉厚の日高昆布は、煮てもくたっと煮くずれたりしないので、昆布巻きや佃煮をつくるときには、特におすすめです。

羅臼昆布

羅臼《らうす》を中心とした知床《しれとこ》半島沿岸で採れる昆布。色はやや茶褐色で、厚みが薄いために奥薗流の細切りがしやすい昆布です。だし汁はやや濁るものの、風味、コクともに、とてもよいだしが取れるので、そういう意味でも私のお気に入りの昆布のひとつです。幅の広い昆布なので、四角く切った後の切り落とし部分が大量に出るため、切り落とし部分も売られています。もともと茶褐色の昆布なので、切り落としには茶色い薄い色のところなどが混ざっていますが、味的にはまったく問題ありません。安くておいしい切り落としは、絶対におすすめです。

長昆布

根室、釧路、貝殻島という、いわゆる道東海岸で採れる昆布です。長さが20ｍにもなるものがあることから、長《なが》昆布という名前がついたともいわれています。旨み、コクともに少々落ちるものの、煮えるのがとても早く、また、煮た後の口当たりもとろりとして、やわらかくおいしいのが特徴です。昆布巻きやおでんなどに、早煮昆布代わりに使うと重宝です。

加工した昆布などの種類と特徴

おぼろ昆布（黒おぼろ、白おぼろ、白板昆布）

薄くて幅広の美しい形が特徴のおぼろ昆布。職人さんが、幅広の刃物で昆布の表面を削ってつくっている姿を見たことがある人も多いと思います。大きな昆布を一方の足で押さえながら、昆布を薄く薄く削り取っていく姿は、まさに芸術です。粘り、甘み、旨み、どれを取っても申し分のない真昆布でつくるものが最上級といわれています。幅広の形を生かして、そのままおにぎりを包んだり、お刺し身を巻いて食べるのもおいしいですね。

昆布の外側を削ったものが黒おぼろ、中心部分を削ったものが白おぼろで、一番中心の芯の部分が白板昆布《しらいた》です。サバ寿司の上に1枚のっている、四角い形をした薄緑色の昆布がそれです。

とろろ昆布

おぼろ昆布ととろろ昆布はどう違うのだろうと、私はずっと思っていました。あるとき、とろろ昆布をつくっている工場を見学させてもらって、やっとその謎が解けました。

おぼろ昆布は幅広の昆布の表面を薄く削ってつくっていくので、ある程度肉厚で長さや大きさのある昆布でないとつくることができません。そこで、大きさや長さや厚さの足りない昆布を酢に浸けて、何枚も重ねてプレスします。この側面を下にして、薄く削っていくのがとろろ昆布です。ですから、とろろ昆布は縦に細く裂けるのです。あれが何枚もの昆布をプレスした証拠です。

昆布同士をくっつけるために、酢で表面をぬらして昆布の粘りを出す必要があるのですが、酢の酸味をやわらげるために人工の甘味料が添加されているものが多くあります。昆布本来の旨みを味わうなら、原材料表示を見て、人工の甘味が添加されていないものを選ぶとよいと思います。人工の甘味を添加しないということは、昆布自体も味のいいものである必要があるので、そういうところ昆布のほうが確実においしいと思います。

切り昆布(刻み昆布)

これは昆布を細く切り、ボイルした後で冷やし、食塩を加えて干したものです。物によっては食塩を添加されていないものもありますが、製品によって塩分量がまちまちなので、一度水に戻してから使ったほうが無難だと思います。

原料も、早煮昆布といわれる若い昆布を使っている場合もありますが、日高昆布を細く切って使っているものもあります。やわらかくて早く煮えるのがいいか、あるいは味のよいのがいいかなどで使い分けてみるのもよいでしょう。

切り昆布または刻み昆布などという名前で売られています。よく似ているものに、すき昆布というのがありますが、これは細く切ってボイルした昆布を木枠ですいて乾燥させたもので、板状になって売られています。水かお湯に3〜5分さっと浸すだけで食べられますが、さっと煮て食べてもおいしいものです。煮すぎると風味が落ちますので注意してください。

早煮昆布

おもに通常の昆布の採取日の前に収穫する若いやわらかい棹前《さおまえ》昆布で、早く煮えます。

納豆昆布

粘りけの強いガゴメ昆布を乾燥させてから、適当な長さに切って酢水に浸け、砂を落としてさらに細かく切ったものです。

お湯をかけてかき回すと納豆のような粘りが出ることから、納豆昆布と呼ばれています。しょうゆを混ぜて、そのままご飯にかけて食べるとおいしいものです。

細工昆布

いわゆる結び昆布ですが、これはいろいろな行事に縁起物として使われる昆布です。特に関西では、正月に大福茶といって結び昆布と梅干しにお茶を注いだものを飲む習慣があるため、正月には欠かすことのできない昆布です。

昆布図鑑グラフティー

羅臼昆布

羅臼を中心とした知床半島沿岸で採れる。やや茶褐色を帯び、厚みは薄めで扱いやすい。風味、コクともによいだしが取れる

日高昆布（三石昆布）

日高地方が主産地で中心地は三石。日高産のものは通称・日高昆布と呼ばれ、特に井寒台で採れるものが最高級品とされる。幅が広く肉厚で、煮くずれしにくく煮物に向く

利尻昆布

利尻、礼文両島沿岸を中心に採れ、黒みがかった色合い。堂々たる旨みと風格。だしは透明感があり澄まし汁に向く

真昆布

おもに道南地域で採れる昆布で緑がかって幅広。肉質もやわらかい。透き通って甘みのある上品なだしが取れる

早煮昆布

通常の昆布の採取前に収穫した若い昆布を棹前昆布といい、一般に早煮昆布として売られる。肉質がやわらかく早く煮えるが、だし昆布としては向かない

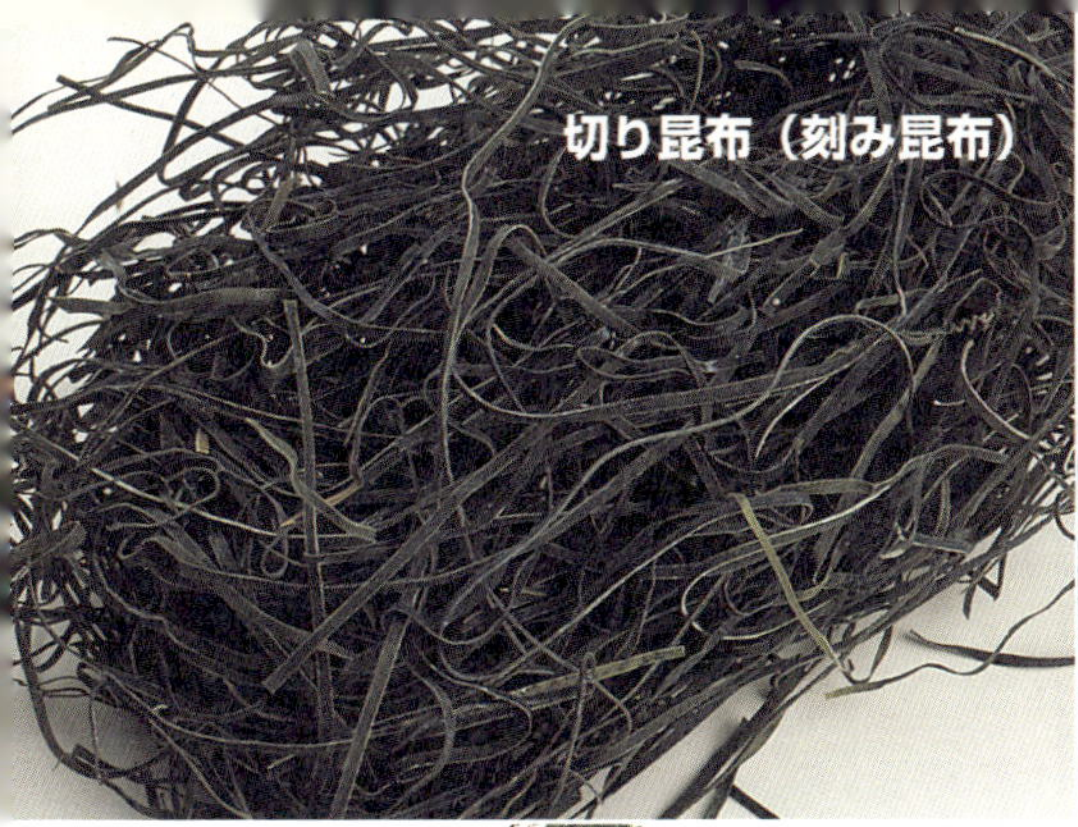
切り昆布（刻み昆布）

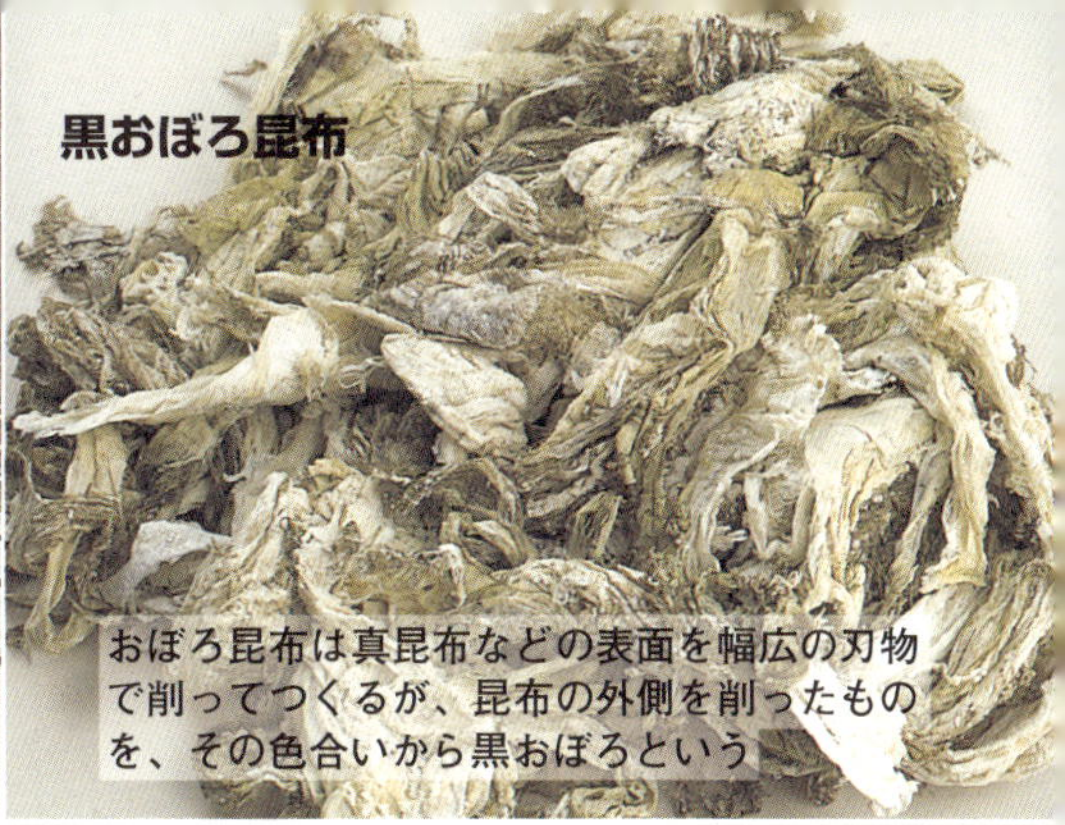
黒おぼろ昆布

おぼろ昆布は真昆布などの表面を幅広の刃物で削ってつくるが、昆布の外側を削ったものを、その色合いから黒おぼろという

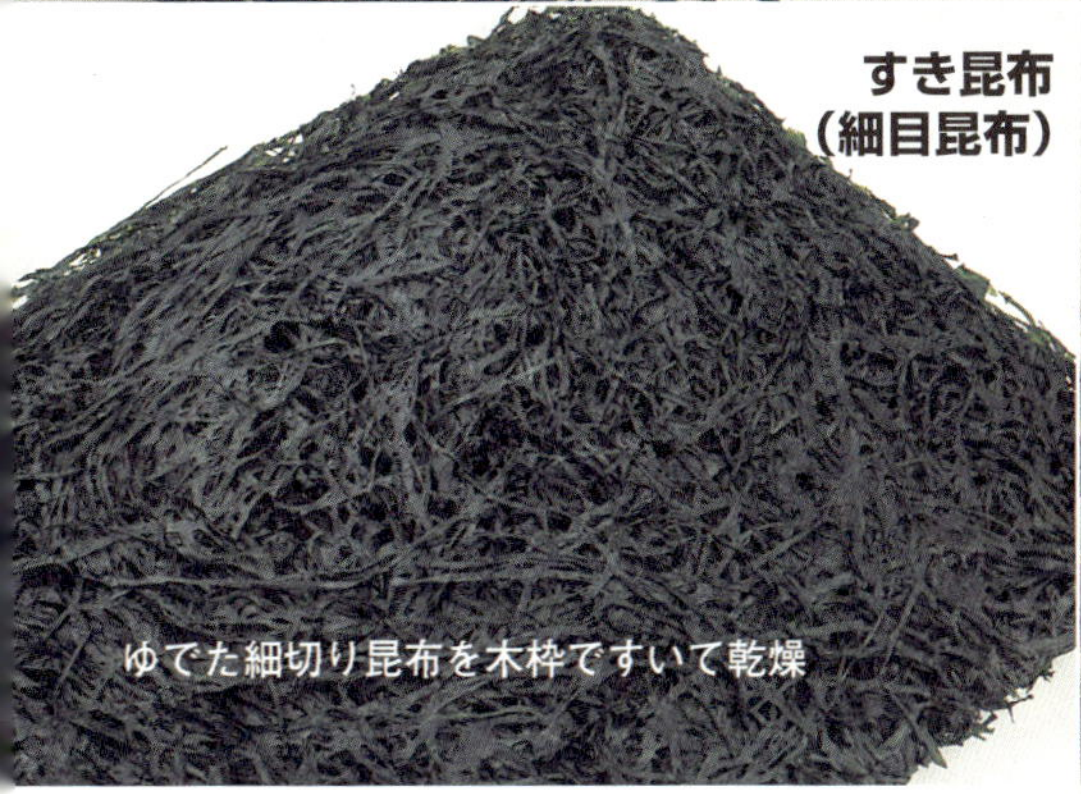
すき昆布（細目昆布）

ゆでた細切り昆布を木枠ですいて乾燥

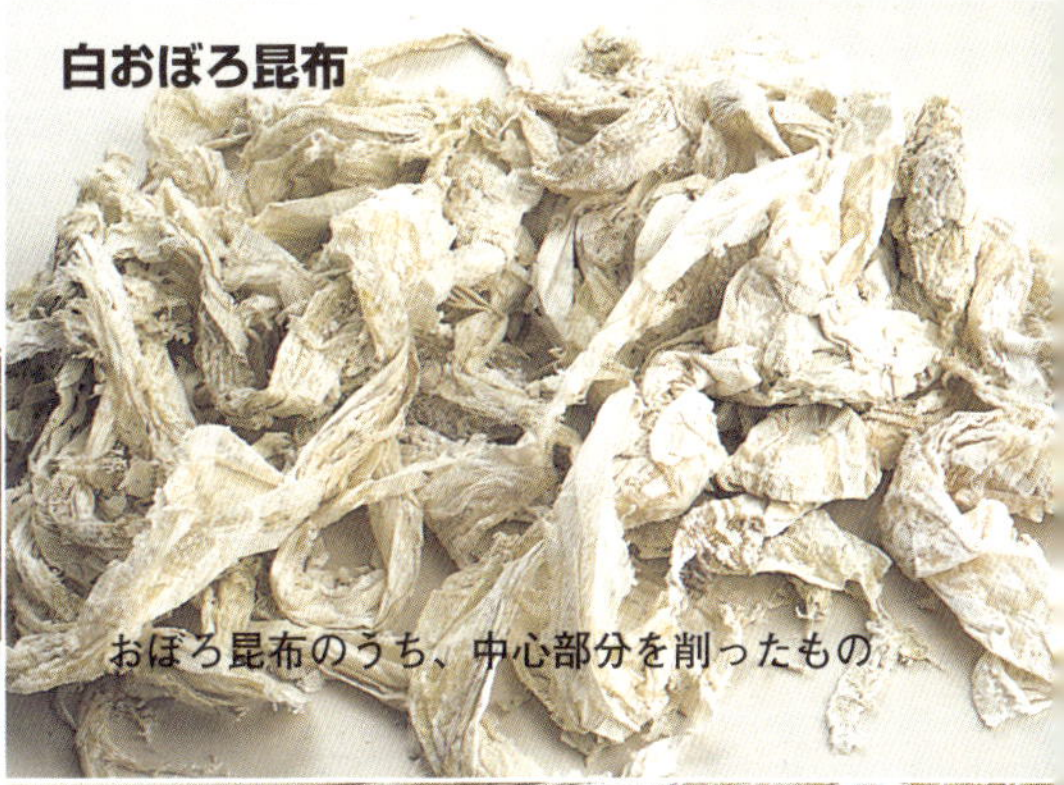
白おぼろ昆布

おぼろ昆布のうち、中心部分を削ったもの

細工昆布

細工をした昆布で縁起物として使われる

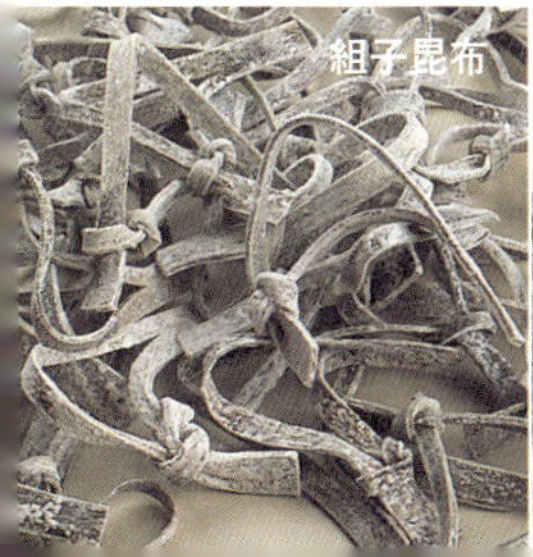
組子昆布

吉祥昆布

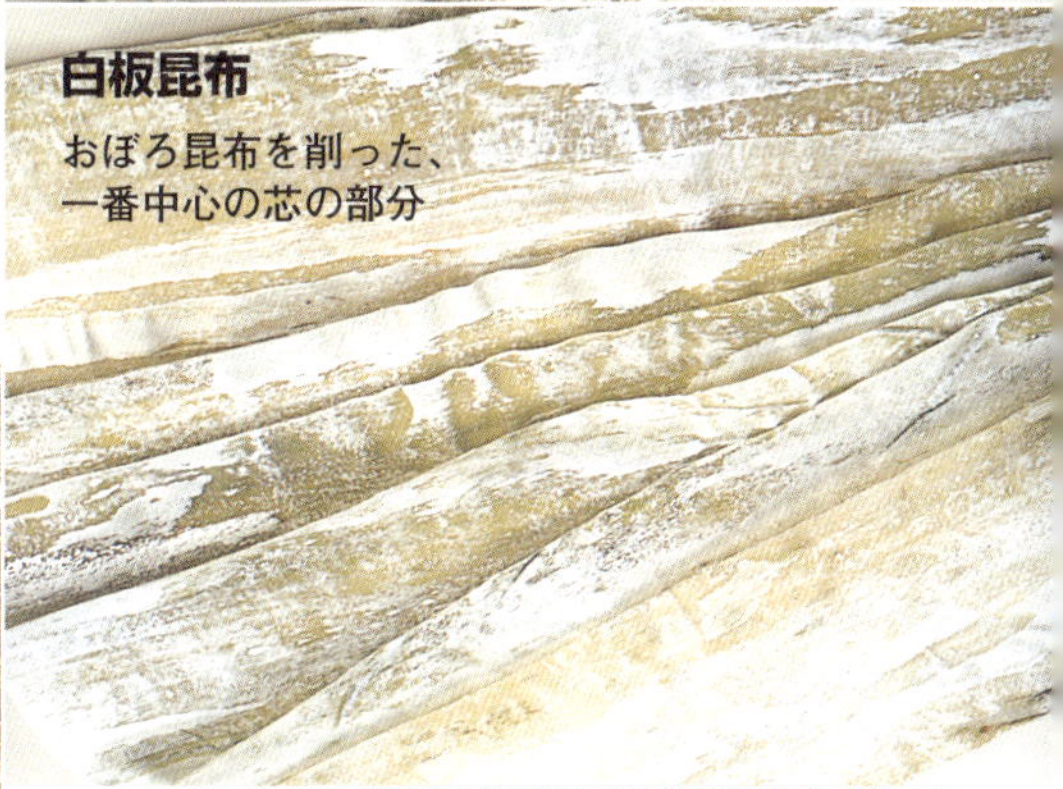
白板昆布

おぼろ昆布を削った、一番中心の芯の部分

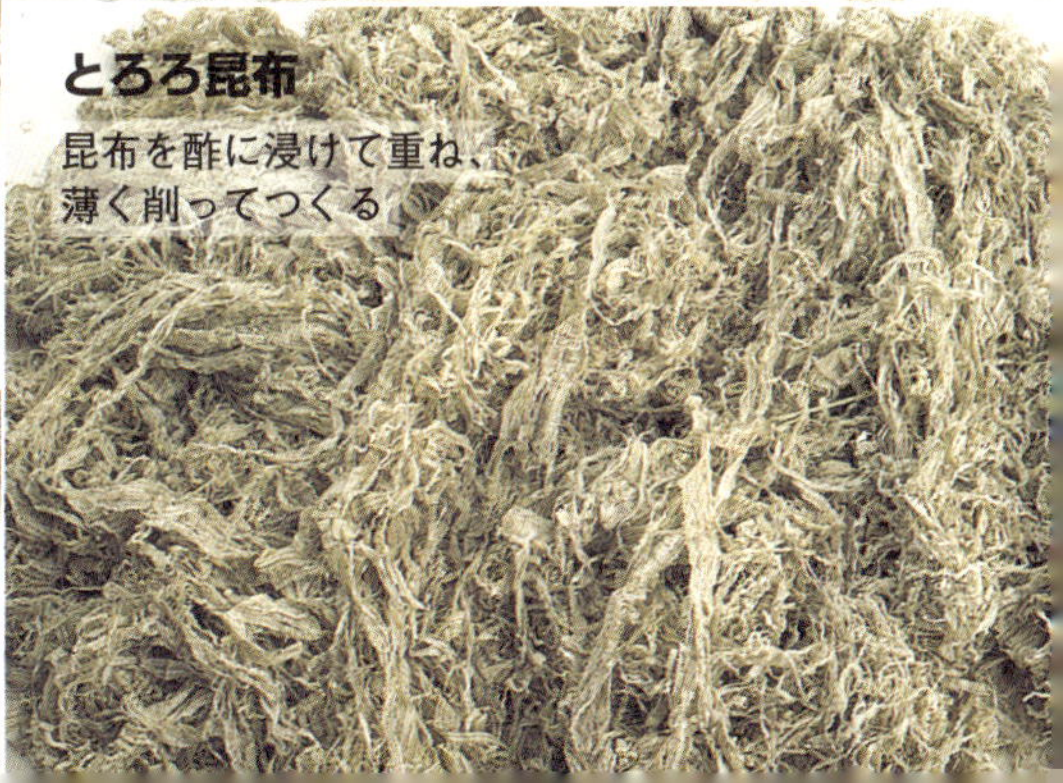
とろろ昆布

昆布を酢に浸けて重ね、薄く削ってつくる

奥薗流　昆布のカットと保存の極意5か条

●ポイントは短冊と〝見える〟保存

昆布は細切りにして全部食べてしまう、これが奥薗流の昆布の使い方です。この方法をマスターすれば、本当に昆布を気軽に使えるようになること間違いなしなのですが、保存法にもちょっとしたコツがあります。

というのも、大きな昆布を使うたびに切り取るのでは、やがて面倒くさくなるのは目に見えています。あらかじめ使いやすいように短冊に切って中の見える容器に入れておけば、いざ昆布料理というときに、ささっと取り出せて便利です。

ここでポイントは、短冊と〝見える〟保存です。

●極意1　幅1～2cmの短冊形が使いやすい

まず短冊ですが、幅は1～2cmくらいが使いやすくていいと思います。けれどもこういうことを申し上げると、たぶん多くの人は、大きな昆布の端から1cm幅に切られることと思います。でもちょっと考えてみてください。昆布の繊維は縦方向に入っているので、端から1cm幅に切っていくと繊維を断ち切ることになり、とっても硬くて切りにくいのです。

●極意2　繊維に沿って楽して切るべし

ですから昆布を短冊に切るときは、まず、10cm長さに切ってから、向きを変えて繊維に沿って切るようにすると楽に切ることができます。22頁で紹介していますから、試してみてください。この方法なら、昆布が乾燥していればポキポキと手で割ることもできます。

●極意3　短冊にして保存が精一杯と知るべし

さて、この1×10cmに切った昆布ですが、短冊形にして保存しておくと使うときには1本さっと取り出し、鍋の上でキッチンばさみでチョキチョキ切りながら入れて使えばいいので、とっても楽ですね。

こういうことをいうと、それではすぐに使えるように、全部最初から細切りにして保存しておいてはだめなのですか？　という質問をしばしば受けます。もちろん、それができるマメな人ならそれでＯＫなのですが、ズボラな私は、せいぜい短冊に切って保存しておくまでで精一杯。その先をしておかなければならないというふうに自分の中でルールを決めてしまったら、それこそ、昆布を見るのもいやになってしまうのです。

自分が気楽にできる範囲までで、無理をせず続けていける程度のところまで。決して無理をしないというのが大切だと思います。

●極意4　切り落としは切ってあるから断然お得

楽して疲れず、繊維に沿って切るのがポイント

私が愛用しているものに昆布の切り落としというのがあって、これは羅臼昆布や真昆布などを真四角な形に切りそろえたときに出る昆布の切り落とされた部分を、さらに細かく切ったもの。これだと最初から細かく切って売られているので、そのまま煮物などに入れてもとっても便利。やわらかくて、形のいいものと変わらないほどよいだしが出るのに、値段はびっくりするくらい安いのです。これは乾物屋さんや昆布専門店に行くと、「昆布の切り落とし」などと称して売っています。最近はインターネットでも買えるようになってきていますから、見かけたらぜひ1袋買ってみてください。重宝すること間違いなしです。

●極意5　手の届くところへ見える保存を

そうそう、昆布はかならず台所のすぐに手の届くところに、見えるように置いてくださいね。棚の中にしまってしまうと、それだけで出すのがおっくうになりかねません。

棚の中にあったら、まず扉をあけなければなりません。さらに前に物を置いてしまうと、それを動かさないと取り出せないようになってしまいがちです。そうなるともう考えただけでも面倒で、結局使わなくなってしまうのは、あまりにも残念ですから。

昆布を生かす切り方、保存法を大公開

購入したままの大きな昆布を使うたびに切るのは何かと面倒ですし、収納もしづらいもの。使いやすいように短冊に切っておくのがおすすめです。

昆布の切り落としを有効活用

昆布の切り落としは乾物屋さんなどで入手を。すでに細かく切ってあり、安価なので断然お得

↓

購入した量が一度に入るような大きさの容器に保存を

昆布は大きいものを購入したら、基本的に中の見える容器に入れておくのが使い勝手がよい（写真は早煮昆布）

大きな昆布を短冊に切る

大きな昆布（写真は利尻昆布）を購入したら、まず端から10cm長さに横に切っていく

↓

次に、昆布の繊維に沿って縦に1cm（もしくは2cm）幅に切っていく。繊維の流れに沿って切るので疲れない

↓

短冊形のできあがり

↓ こうして保管しておけば、すぐに取り出せて手軽に使える

種類ごとに分けてラベルを貼って保存

中の見える口の広い容器に、昆布の名称などを記したラベルを貼って保存を。同じ容器で統一すると見た目もきれい

奥薗家の乾物棚

これが、キッチンにドーンと鎮座したわが家の乾物棚。奥薗流の極意の結晶です。一目瞭然がポイント

奥薗流

昆布のカットと保存の極意5か条（詳細は p20）

- **極意1** 幅1～2cmの短冊形が使いやすい
- **極意2** 繊維に沿って楽して切るべし
- **極意3** 短冊にして保存が精一杯と知るべし
- **極意4** 切り落としは切ってあるから断然お得
- **極意5** 手の届くところへ見える保存を

奥薗流

保存容器の極意4か条（詳細は p24）

- **極意1** 保存はかならず中の見える容器で
- **極意2** 口の広いふた付きがおすすめ
- **極意3** 購入した分が一度に入る大きさを
- **極意4** ラベルを貼り説明書きもいっしょに

奥薗流　保存容器の極意4か条

●極意1　保存はかならず中の見える容器で

さて次にこれを保存する容器ですが、かならず中の見える容器に入れてください。中の見えないものに入れてしまうと、どれに入れたのか分からなくなってしまいますし、在庫管理も、いちいちあけて調べないといけないので、面倒です。

私は半透明のプラスチック製で、かなり密閉度の高いものを使っています。羅臼、日高、利尻、真昆布など、昆布の種類によって、一つ一つ別の容器に入れています。その他、早煮昆布や切り昆布、とろろ昆布、おぼろ昆布なども、一つ一つ別々に入れています。

●極意2　口の広いふた付きがおすすめ

容器はガラス瓶でもいいのですが、瓶よりもプラスチックのふた付き容器のほうが、大きくてサイズもいろいろあるのでおすすめです。特に、口が大きいほうが出し入れも楽ですので、私はふた付きのプラスチック容器に入れています。

容器のメーカーを同じにするとか、容器のふたの色を同じにするとか、何かひとつ共通点を持たせておけば､並べても煩雑な感じにはなりません。

●極意3　購入した分が一度に入る大きさを

容器の大きさは、1回に購入した昆布が全部一度に入る大きさというのが目安です。入りきらなかった分が袋に入ったままで、口を輪ゴムでしばって保存ということになったのでは、いったい何のための保存容器なのか分かりませんし、容器が二つになってしまうのも、場所ばかりとってわずらわしいからです。

●極意4　ラベルを貼り説明書きもいっしょに

各保存容器にはかならずラベルを貼って、どの昆布なのか分かるようにしておきましょう。購入した際の袋の裏にある説明書きのようなものは切り取って、昆布といっしょに容器の中に入れておくと、いざというときに読み直したりすることができて便利です。

第１章

昆布入り調味料とおかず

昆布に酢やしょうゆを注ぐだけの簡単調味料を満載

これぞ奥薗流 即効の昆布だし

あらかじめ、だしを取っておくのは面倒。だから、みそ汁でも煮物でもその場でアッという間にだしを取るのが奥薗流（詳しくはｐ28）

★ポイント

水の入った鍋の上で、昆布をチョキチョキと細切りに。すぐに火にかけても充分おいしいだしが取れる

★ポイント

昆布は、だし取りであると同時に具でもある。和風、中華風はもちろん、カレーやポトフも昆布入りが奥薗流

濾さずにそのまま目からウロコ

昆布入り麺つゆ

麺つゆの昆布やカツオ節を濾す手間を省き、入れたまま保存するのが奥薗流。昆布とカツオ節は自然に沈み、上澄みが麺つゆに（詳細・つくり方p28）

応用レシピ

ワカメとカリカリ揚げのぶっかけ麺

昆布入り麺つゆをかけるだけで、すぐにぶっかけ麺のできあがり。油揚げはオーブントースターでカリカリに（つくり方p29）

応用レシピ

昆布とカツオ節のおにぎり

★ポイント

残った昆布とカツオ節。後で佃煮になんていうのも、面倒。このまま食べるのが奥薗流です。おにぎりの具にしたり、混ぜご飯などに

これぞ奥薗流
即効の昆布だし

昆布は買ってきたらすぐに1㎝幅くらいの短冊に切っておき、中の見える容器に入れて保存しておくことは、すでにお話ししました。さて、ここからはその使い方です。

みそ汁でもお吸い物でも煮物でも、料理するときに短冊に切っておいた昆布を1枚取り出して、水の入った鍋の上で、チョキチョキと細切りにしていきます。細切りにすることで断面が増えるので、昆布の旨みが出やすくなるのです。

普通は1時間くらい水に浸けておくところですが、この方法なら、すぐに火にかけても充分おいしいだしが取れます。

しかもこの細切りの昆布は、だしであると同時に具でもありますから、みそ汁でも煮物でも引き上げたりしません。細く切ってある分、あっという間にやわらかくなるので、昆布ごと具としてもいただけるというわけです。

さらに昆布だしはクセがなく、いっしょに組み合わせる素材の旨みをうまく引き立ててくれるので、私は和風だけでなく中華や洋風、イタリアンにも、インスタントのスープの素を使う感覚で、何にでも入れています。そんなわけで、わが家のカレーもミートソースも細く切った昆布入りです。

濾さずにそのまま目からウロコ
昆布入り麺つゆ

ここで昆布もカツオ節も引き上げない、奥薗流麺つゆを紹介したいと思います。できあがった麺つゆを瓶で保存すれば、カツオ節と昆布は自然に下に沈むので、上澄みだけをうまく使えば、濾さなくてもきれいな麺つゆが取れるというわけです。上澄みをきれいに使い切ったら最後にカツ

昆布入り麺つゆは濾さずに使うのが奥薗流

オ節と昆布が残ります。これは、だしがらとはいえおいしい麺つゆをたくさん含んでいるカツオ節&昆布。けれどこういう麺つゆのだしがらってついつい佃煮をつくって、などと思いがちですがその必要はありません。そんなことを思うと、こんなに簡単でおいしい麺つゆ自体つくるのがおっくうになりますから。

これはそのまま食べるにかぎります。たとえば、おにぎりの具にしてみたり、混ぜご飯にしたり、ひと手間加えるならば、ご飯に炊き込んでみてください。即おいしい炊き込みご飯になります。肉ジャガのようなこってり味の煮物には、しょうゆ代わりに最後に入れるといいですよ。

残った昆布とカツオ節はおにぎりの具に

【材料】昆布1×10㎝のもの1枚、カツオ削り節10g、みりんカップ1、しょうゆカップ1

【つくり方】①みりんを鍋に入れて火にかけ、アルコール分を飛ばす。

②細切りにした昆布、しょうゆを入れて再び煮立ったら火を止め、手でもんだカツオ節を入れる。瓶に入れて冷めるまで置き、冷蔵庫で保存する。

③使うときに好みの濃さに薄める。目安は3～4倍。冷蔵庫で2～3週間は保存できる。

応用レシピ
ワカメとカリカリ揚げのぶっかけ麺

【材料・4人分】そうめん4把、手づくり昆布入り麺つゆ適宜、油揚げ2枚、カットワカメ適宜

【つくり方】①油揚げはオーブントースターに入れてカリカリになるまで焼き、食べやすい大きさに切る。カットワカメは水で戻す。

②そうめんを茹でて皿に入れ、①のワカメとカリカリ揚げをのせ、水で薄めた麺つゆをかける。

ただ注ぎ足すだけの手軽さ 昆布じょうゆ

昆布にしょうゆを注いでおくだけで、旨み倍増のすぐれもの。昆布が溶けてなくなるまで、何度でもしょうゆを足して使います（詳しくはｐ32）

応用レシピ

冷や奴とおひたし

★ポイント 一般のしょうゆと同じように使用するが、冷や奴やおひたしなどシンプルな料理にかけると、より威力を発揮する

応用レシピ

ひとふり昆布じょうゆうどん

うどんに薬味などをのせ、昆布じょうゆをかけただけの簡単メニュー。昆布じょうゆの風味が生きます（つくり方ｐ32）

上から注ぐだけでマイルドに 昆布酢

昆布じょうゆ同様、昆布に酢を注いでおくだけ。つんとする酢もマイルドになり、甘みも増します（詳しくはｐ32）

応用レシピ

ササッと即席混ぜ寿司

昆布酢を使えば、酢めしも簡単です。短時間で即席混ぜ寿司のできあがり（つくり方ｐ33）

ただ注ぎ足すだけの手軽さ
昆布じょうゆ

昆布の旨みが生きた、しょうゆです。卓上用のしょうゆ差しに短冊形に切った昆布を1枚入れ、口のところまで、しょうゆを注ぎます。昆布がドロドロに溶けてなくなるまで、何度でもしょうゆを上から足して使います。昆布が溶けてきたら、新しい昆布をまた1枚足してください。

[材料] 昆布・しょうゆ各適量

[使い方] 一般のしょうゆと同じように、煮物や炒め物、刺し身などに広く使っています。ただ昆布だしの旨みがたっぷり溶け出しているので、冷や奴やおひたしのようなシンプルな料理にかけたほうが、昆布の旨みがはっきりわかると思います。

応用レシピ
ひとふり昆布じょうゆうどん

[材料・2人分] 乾麺160～200g、昆布じょうゆ適宜、大根おろし・おろしショウガ・カツオ削り節・もみのり・青ネギなど適宜

[つくり方] ①乾麺は茹でて、氷水でしめてから器に盛る。

②麺の上に大根おろしなどの具や薬味をのせ、昆布じょうゆをかけて食べる。

昆布じょうゆは、おひたしにかけたり、うどんにかけてぶっかけ麺に

上から注ぐだけでマイルドに
昆布酢

酢に昆布を1枚入れておくだけで、酢特有のつんとしたにおいがマイルドになり、かすかに甘みさえ感じられるような、おいしい酢になります。昆布じょうゆと同様、卓上用のしょうゆ差しに短冊に切った昆布を1枚入れ、口のところまで酢を

注ぎます。昆布がドロドロに溶けてなくなるまで、何度でも酢を上から足して使います。昆布が溶けてきたら、新しい昆布をまた1枚足します。

昆布を入れっぱなしにしておくと、途中で少し酢にとろみが出てくるかもしれません。気になる方は途中で引き上げてもいいのですが、私はそのまま入れっぱなしにしています。

[材料] 昆布・酢各適量

[使い方] 酢めしをつくるときなど、この酢を使えば重宝です。ご飯といっしょに昆布を炊き込まなくても、昆布の旨みがご飯に入ります。

昆布酢で手早く酢めしをつくって混ぜ寿司に

酢の物、ドレッシング、寿司の合わせ酢など、何に入れても昆布の旨みたっぷりでおいしくなります。あんかけ焼きソバ、油っぽい中華料理にも、この昆布酢をプラスすれば旨みが増して、おいしくあっさり食べられること間違いなし。

応用レシピ
ササッと即席混ぜ寿司

[材料・2人分] ご飯茶碗2杯、卵1個、塩少々、ゴマ油適宜、A（ニンジンのせん切り小1/2本、シイタケの薄切り2枚、油揚げのせん切り1/2枚）、B（みりん大さじ1、しょうゆ大さじ1）、昆布酢大さじ2、すりゴマ大さじ2

[つくり方] ①卵に塩を入れて溶きほぐし、ゴマ油の半量を入れて熱したフライパンで炒り卵をつくり、取り出す。

②フライパンにゴマ油を熱してAを炒め、好みでニンジンがやわらかいのが好きなときはふたをして蒸し焼きにし、Bの調味料で味を調える。

③調味料が具に全部からまったら、昆布酢を入れてひと煮立ちさせ、熱々のところを熱々のご飯に混ぜる。

④取り出しておいた炒り卵を上から③にかけて、ゴマをふればできあがり。

適度なとろみと旨みをプラス

とろろ昆布酢

●とろろ昆布は購入したら下処理して保存を

購入したままでは、みそ汁などに入れてものどを通りにくいもの。食べやすくほぐしてカットしておけば、すぐ使えて便利

①まず、縦に細かく裂く

②繊維を断ち切るように細かく切る

③指で全体をほぐして保存容器へ

④もっと細かく粉状にしたいときは、フライパンで軽く炒り、手でもんで保存

応用レシピ

焼き魚のとろろ昆布酢かけ

かけると流れてしまう酢じょうゆですが、とろろ昆布が加わると、料理にしっかりからみます（つくり方ｐ37）

↓

酢じょうゆにとろろ昆布を入れて、とろろ昆布酢をつくります。

（詳しくはｐ36）

応用レシピ

ゆで豚のとろろ昆布酢かけ

中華風にしたいときには、とろろ昆布酢にゴマ油やすりゴマをプラスして

さっと茹でた豚肉と野菜に、とろろ昆布酢をかけたスピードメニュー（つくり方p37）

とろろ昆布は購入したら下処理して保存を

とろろ昆布って、そのまま食べられるインスタントの昆布食品としては、とっても重宝なものなのですが、ただひとつだけ、噛み切れないというのがネックだと思うんです。縦に繊維が通っているから、縦には細かく裂けるけれど、横に切るとなると、ひと苦労。まあいいかと思ってそのまま飲み込もうとすると、のどにひっかかってしまうということにもなりかねません。

そこで買ってきてすぐに、繊維を断ち切って細かくしておくと、そのままお吸い物に入れたり、うどんに入れても大丈夫。さらに、フライパンで空炒りすると粉にすることができますから、こうしておけば、昆布の粉として調味料代わりに使えて便利です。

粉にしたとろろ昆布は、お湯と塩を入れて飲めば、即席昆布茶としても、すごくおいしいですよ。

［下処理の方法］ ①とろろ昆布はまず縦に細かく裂く。

②繊維を断ち切るようにしてキッチンばさみで細かく切る。

③さらに指を使って全体をほぐしておく。

④もっと細かくしたいときは、これをフライパンに入れて軽く炒り、手でもんで粉にする。

アジの塩焼きに、とろろ昆布酢をかけて

とろろ昆布酢

適度なとろみと旨みをプラス

酢じょうゆに、炒って粉状にしたとろろ昆布を入れれば、とろろ昆布酢に。普通はタラタラと流れてしまう酢じょうゆですが、とろろ昆布を加えることにより、適度なとろみと旨みが加わります。

［材料］しょうゆ大さじ2、酢大さじ2、みりん好みで少々、とろろ昆布（粉状。p34参照）2つまみ、ショウガ汁・ゴマ油・ユズの皮のすりおろし・カツオ削り節・タカノツメなど各適宜

［つくり方］①しょうゆと酢を混ぜたところに、加減をみながらとろろ昆布を少しずつ入れる。粉状にしたとろろ昆布のほうが、口当たりがよい。

②とろりとした感じになったら、好みでショウガ汁などを加える。

［メモ］とろろ昆布は加減を見ながら少しずつ入れる。一度にたくさん入れてしまうと、とろろ昆布が水分を吸って、団子状になってしまうので注意。

応用レシピ 焼き魚のとろろ昆布酢かけ

［材料・4人分］アジ4尾、塩少々、とろろ昆布酢大さじ2、ショウガ汁1かけ分

［つくり方］①アジは塩をふって塩焼きにする。

②ショウガ汁を混ぜたとろろ昆布酢をかける。

応用レシピ ゆで豚のとろろ昆布酢かけ

［材料・4人分］豚もも薄切り肉300g、昆布1×10㎝のもの1枚、モヤシ1袋、ニラ1把、トマト1/4個、とろろ昆布酢大さじ4、ゴマ油大さじ1、すりゴマ大さじ1

［つくり方］①昆布と水を鍋に入れ、モヤシとざく切りしたニラをさっと茹でて皿に取る。トマトは適当な大きさに切って盛る。

②豚もも肉は一口大に切り、①の鍋でしゃぶしゃぶの要領で火を通し、①にのせる。

③とろろ昆布酢に、ゴマ油とすりゴマをよく混ぜてたれをつくり、上からかける。

ゆで豚にもたっぷりと

梅香るとろろ昆布のお吸い物の素

昆布と梅干しとカツオ節は抜群の相性。湯を注げばお吸い物に。その他おにぎりの具に、和え物や漬け物の風味づけにと利用価値大（つくり方p40）

応用レシピ

湯を注ぐだけの即席お吸い物

あっという間にお吸い物に

好みでワカメやネギ、しょうゆなどを加えてください

応用レシピ

お吸い物の素ドレッシングのサラダ

お吸い物の素にオリーブオイルを加えて即席ドレッシングに。生野菜にかけた簡単サラダです（つくり方p40）

旨みがギュッと詰まった

とろろ昆布みそ

材料を混ぜるだけの、昆布の風味がいっぱい詰まったみそ。少し甘みも加えました。

とろろ昆布に水を加えてトロトロにしてから、みそと混ぜるのがコツ（つくり方 p40）

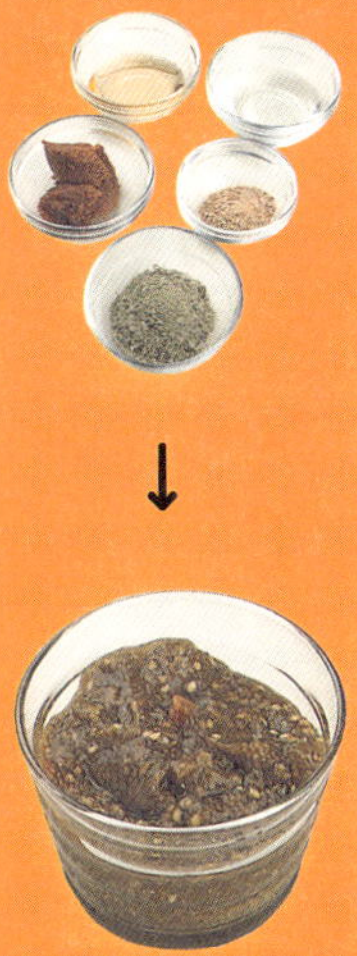

応用レシピ

とろろ昆布みその焼きおにぎり

おにぎりや茹でサトイモに塗って焼いたり、おにぎりの具に

応用レシピ

とろろ昆布みそのナス炒め

ナスを油で炒めて、とろろ昆布みそをからめます。ほかに調味料はいらないおいしさ

梅香る
とろろ昆布のお吸い物の素

密閉容器に入れ冷蔵庫で保存すれば、一か月くらいは日もちします。

[材料] とろろ昆布（粉状。p34参照）20g、梅干し10個、カツオ削り節10g、しょうゆ少々

[つくり方] ①梅干しは梅肉を包丁でたたき、カツオ節は手でもんで細かくしておく。

②フライパンで炒って粉状にしたとろろ昆布に①を混ぜ、しっとりするまでしょうゆを混ぜる。

[使い方] お吸い物の素適量に湯を注ぎ、好みでネギの小口切り、麩《ふ》、ワカメ、しょうゆなどを加えます。塩もみした野菜に混ぜれば梅肉味のサラダに。おひたしに混ぜても、うどんにも合います。

応用レシピ
お吸い物の素ドレッシングのサラダ

[材料] レタス・キュウリ・貝割れ大根など各適宜、A（お吸い物の素小さじ1、オリーブオイル大さじ1、みりん好みで少々）

[つくり方] ①お吸い物の素に少しずつオリーブオイルを混ぜてとろとろになるまでのばす。

②生野菜を器に盛り、①を上からかける。

旨みがギュッと詰まった
とろろ昆布みそ

[材料] とろろ昆布（粉状。p34参照）3つまみ、水大さじ3、ハチミツまたは砂糖大さじ3、みそ大さじ3、すりゴマ（ユズ皮のすりおろし、ネギのみじん切り、ショウガ汁などでも）適宜

[つくり方] ①とろろ昆布に水を入れて混ぜ、しっとりしたらハチミツとみそを入れて混ぜる。いきなりみそに混ぜるとだま状になるので注意を。

②ゴマなど、好みの香りのものを混ぜる。

[使い方] p39で紹介したほか、昆布だしで煮たコンニャクや大根、厚揚げなどに塗って、みそおでん風に。また、スティック状に切ったキュウリやニンジンにつけて。

第２章

昆布クッキングの真骨頂

おでんにも、おせちにも……と重宝な結び昆布

薄味でヘルシーな佃煮
昆布のゴマ酢煮

昆布の切り方はお好みで。角切りなら1cm四方くらいがおすすめ

1cm幅の短冊に切っておいた昆布を、さらに切っていく

酢を加えることで、早く煮えておいしく仕上がります。せっかく手づくりするのですから薄味で。パクパク食べられます（つくり方p44）

酢の力で煮る人気のシイタケ昆布

人気の常備菜。干しシイタケを、しょうゆやみりんで浸けて戻す奥薗流で、驚くほど簡単に（つくり方p44）

香り立つササッとおかず
切り昆布のショウガ煮

ご飯のおかずにもなります。口がひりひりするくらいショウガをたっぷり加えるのがおすすめ（つくり方p45）

薄味でヘルシーな佃煮

昆布のゴマ酢煮

●だしがら昆布も有効活用

煮物やみそ汁に昆布を入れるときには、基本的に細切りにして入れ、引き上げずに食べてしまうのが奥薗流。なので通常は、だしを取った後のだしがら昆布は余らないのですが、昆布じめにした場合やふろふき大根のように昆布を下に敷いて野菜を煮たりしたときには、余る場合があります。

そんなときは、私は昆布を佃煮にします。うんと薄味で煮ておくほうが昆布の味が染みておいしく、たくさん食べられてヘルシーです。最初にほんの少し酢を入れて煮ることで早く煮えますし、酢の力で薄味でもおいしく仕上がるのです。

だしがら昆布を有効活用するほか、もちろんあらたな昆布でつくっていただいてもかまいません。

[材料・4人分] 昆布適宜、酢大さじ3、しょうゆ大さじ1、みりん好みで少々、ゴマたっぷり

[つくり方] ①昆布は食べやすい大きさに切り、鍋に酢と昆布がひたひたに浸かるくらいの水を入れ、火にかける。

②昆布がやわらかくなったら、しょうゆを加え、ほぼ水けがなくなるまで煮る。

③最後にゴマをたっぷり混ぜて、できあがり。

便利な常備菜の昆布のゴマ酢煮

酢の力で煮る

人気のシイタケ昆布

●早くおいしく煮える逸品

ここでも酢を加えるのがポイント。味の染みた、手軽な常備菜です。

[材料・4人分] 昆布（だしがらでも可）適宜、酢小さじ1、干しシイタケ4枚、A（水カップ1、しょうゆ大さじ2、みりん大さじ2）

[つくり方] ①昆布は食べやすい大きさに切り、

酢とひたひたに浸かるくらいの水を入れ、火にかけて煮る。

②干しシイタケは軸を取り、さっと水でぬらしたらキッチンばさみで薄く切り、Aに浸ける。

③昆布がやわらかくなったら、②を入れ、水けがなくなるまでことこと煮る。

香り立つササッとおかず
切り昆布のショウガ煮

●ショウガは好みでたっぷりと

切り昆布は最初から細く切ってあるので、即席の煮物には、ササッと使えて便利です。中にはすごくしょっぱいものがあるので、かならず水で戻し、食べやすい長さに切ってから使うようにしてください。

定番のシイタケ昆布と切り昆布のショウガ煮

このショウガ煮は、口がひりひりするくらいにショウガが入っているのが私の好み。豚肉の薄切りを細く切ったものを加えていっしょに炒めれば、ご飯のおかずにぴったりの一品になりますね。

【材料・4人分】切り昆布1袋（約30g）、ゴマ油大さじ1、ショウガ2かけ、しょうゆ少々、すりゴマ大さじ4

【つくり方】①切り昆布は何度か水を替えながら10分くらい水に浸け、食べやすい長さに切っておく。製品によっては、すごくしょっぱい場合があるので、ちょっと食べてみて、ある程度塩分が抜けるまで浸けておく。

②フライパンにゴマ油とせん切りにしたショウガを入れて炒め、香りが立ってきたら切り昆布を入れて炒める。

③切り昆布がやわらかくなったら、しょうゆ少々を回し入れ、すりゴマをたっぷり混ぜる。

自然の甘みを生かす
切り干し大根入り松前漬け

切り干し大根を加えてボリュームアップ。ノンシュガーで、つくってすぐ食べられるのも魅力（つくり方p48）

昆布とイカたっぷりの漬け物松前漬け

昆布、スルメイカ、ニンジンを細く切って漬け込みます。つくって2～3日後くらいが食べごろ（つくり方p48）

あっさり薄味が決め手 豚肉&鮭の昆布巻き2種

おせち料理には欠かせない感のある昆布巻きですが、薄味で炊けば、ふだんのおかずにもピッタリの逸品に。意外に簡単と驚かれるはず（つくり方p49）

昆布とイカたっぷりの漬け物
松前漬け

●簡単でおいしいのが魅力

北海道の渡島半島の西南端に位置し、松前藩の城下町として栄えたのが松前。この地の産物である昆布とスルメイカを使った漬け物が松前漬けです。最近は細切りにした昆布とスルメイカ、松前漬けの素をセットにして売っていたりしますが、自分でつくっても簡単ですので、ぜひ挑戦してみてください。

[材料・4人分] 昆布約40g、スルメイカ1枚、ニンジン1本、すりゴマたっぷり、A（しょうゆカップ1/2、水カップ1/2、酢大さじ1、みりん大さじ2、砂糖大さじ2）

[つくり方] ①スルメイカと昆布は、はさみで細く切る。ニンジンはせん切りにし、スルメイカ、昆布とともにボールの中で混ぜておく。
②Aを鍋に入れて煮立たせ、①に入れて混ぜる。
③あら熱が取れたらゴマを混ぜ、冷蔵庫の中で漬けおく。2～3日後くらいからが食べごろで、1週間をめどに食べきるとよい。

松前漬けも簡単につくれる

自然の甘みを生かす
切り干し大根入り松前漬け

●ノンシュガーの松前漬け

切り干し大根を加えた松前漬けは、自然の甘みを生かしてノンシュガーで仕上げてみました。

[材料・4人分] 刻み昆布40g、切り干し大根40g、ニンジン1本、スルメイカ20g、A（水カップ1、しょうゆ大さじ2、酢大さじ1）、みりん少々、すりゴマ適宜

[つくり方] ①切り干し大根は、さっと洗って食べやすい長さに切り、Aに浸けておく。

②刻み昆布はたっぷりの水で戻し、食べやすい長さに切る。
③せん切りにしたニンジン、細く裂いたスルメイカ、①の切り干し大根、②の昆布を混ぜ、味をみて好みでみりん少々を加える。
④スルメイカと昆布がやわらかくなったら、器に盛ってゴマをたっぷりとかける。
［メモ］漬けてすぐ食べられるが、冷蔵庫で約1週間保存できる。

あっさり薄味が決め手

豚肉＆鮭の昆布巻き2種

豚肉や鮭が入った
人気の昆布巻き

お正月の定番料理の昆布巻き。おでんの昆布のようにあっさり薄味で煮てみると、子供たちも大好きな定番おかずになりました。味つけがものたりない人は、食べるときに辛子やしょうゆ少々をかけてみてください。昆布の戻し汁はからい場合もあるので、味をみて水の割合を加減して。

●豚肉の昆布巻き

［材料・4人分］早煮昆布40g、豚薄切り肉200〜300g、ニンジン1〜2本、無漂白カンピョウ20g、塩少々、昆布の戻し汁と水合わせて6〜7カップ、A（しょうゆ大さじ1、塩は味をみて少々）

［つくり方］①早煮昆布は水に浸けてやわらかくし、水けをふいて15〜20㎝の長さに切る。
②豚肉は塩少々をふって下味をつけておく。
③早煮昆布を広げた上に豚肉を広げて、棒状に切ったニンジンを芯にしてくるくると巻き、カンピョウでくくる。
④土鍋または厚手の鍋に③の昆布巻きを並べ、昆布の戻し汁と水を入れて弱火で煮る。
⑤昆布がやわらかくなったらAを入れて火を止め、余熱で味を含ませる。

●鮭の昆布巻き

鮭入りの場合は、ニンジンと豚肉を甘塩の鮭（400g程度）に代え、同様につくります。

ひと工夫で華やかさを添える
結び昆布の煮物

●ラクラク昆布の結び方

①昆布(早煮昆布が便利)は
たっぷりの水に浸けて戻す

②まず1cm幅くらいに縦に長く切る

③間隔をおいて結び目を
いくつもつくっていく

④結び目と結び目の間をキッチン
ばさみで切ればできあがり

結び昆布は、おせち料理に、おでんにお弁当にと大活躍。昆布を短く切ってから結ぼうとすると、ぬるぬる滑ってなかなか結べません。長いまま結び目をいっぱいつくってから切り離すのがコツ(つくり方p 52)

サバの昆布じめと酢めしの絶妙 サバ寿司

シメサバをのせてつくるサバ寿司です。
脂ののったサバの味わいを堪能してください
（つくり方ｐ53）

塩と酢で二度キリリ サバの昆布じめ

まず塩でしめ、さらに昆布と酢でしめてつくる自家製のシメサバの
味は格別。刻みネギやおろしショウガを添えて（つくり方ｐ52）

ひと工夫で華やかさを添える
結び昆布の煮物

●切ってから結ぶよりも、結んでから切る

おせち料理に華やかさを添えるのが、飾り昆布の一種である結び昆布の煮物。お弁当や箸休めにも、別煮しておでんの具にも最適です。昆布にいっぱい結び目をつくってから切り離すと、あっという間に結び昆布のできあがり。この方法を発見してから、つくるのが楽しくラクラクに。

酢を加えて煮ることで、早く煮えます。

[材料・4人分] 早煮昆布約40g、昆布の戻し汁と水合わせてカップ2、酢小さじ1、しょうゆ大さじ2、みりん大さじ2、ハチミツまたは砂糖大さじ1～2

[つくり方] ①早煮昆布を結んで、結び昆布をつくる（p50参照）。

②昆布と水と酢を鍋に入れて、昆布がやわらかくなるまで煮る。

③昆布がやわらかくなったら、みりん、ハチミツ（または砂糖）を入れて、煮汁がなくなるまで煮詰める。

結び昆布はおでんに、おせちに、お弁当に

塩と酢で二度キリリ
サバの昆布じめ

●まず、塩でしめるのがポイント

シメサバのコツは、まず大量の塩でサバをしめてから、酢でしめること。最初の塩によるしめ方が足りないと、なんだか間の抜けた味になるので注意。

[材料・4人分] サバ1尾、塩カップ1/2、酢カップ1、昆布1×10cmくらいのもの2～3枚、刻みネギ・おろしショウガなど適宜

[つくり方] ①サバは3枚におろして腹身をすきとり、血合いの骨をていねいに骨抜きで抜く。

②たっぷりの塩をまぶしてラップで包み、冷蔵庫で4～5時間寝かせる。

③ボールに酢（分量外）を入れてサバの塩を洗い流す。

④バットに昆布を敷いてサバをのせ、さらに上に昆布を置いて上から酢をかける。

⑤ぴったりとラップをして再び冷蔵庫で2～3時間寝かす。昆布をはがしてサバを取り出し、頭のほうから皮をむく。

⑥食べやすい大きさに切って盛りつける。刻みネギやおろしショウガなどを添えるとよい。

シメサバができたらサバ寿司にも挑戦

［メモ］ すぐに食べない分は、昆布にはさんだまま冷蔵庫で保存する。残った昆布は、きれいに洗ってゴマ酢煮（p42参照）にするといい。

サバの昆布じめと酢めしの絶妙

サバ寿司

●おろしショウガをたっぷりのせて

シメサバが上手にできたら、サバ寿司も簡単につくることができます。サバ寿司には、ワサビではなくおろしショウガがよく合います。サバの上にのっているのは白板昆布です。

［材料・4人分］ シメサバ1尾分、白板昆布1枚、米カップ2、合わせ酢（砂糖大さじ1、塩小さじ1、酢大さじ4）、おろしショウガたっぷり

［つくり方］ ①米は同量の水で普通に炊く。

②合わせ酢を鍋に入れて火にかけ、炊き立てのご飯に混ぜて酢めしをつくる。

③酢めしのあら熱が取れたら、巻きすにラップを敷き、白板昆布を置いた上にシメサバを置く。その上におろしショウガを塗り、酢めしをこんもりと盛る。

④ラップと巻きすで形を整えながら、サバと酢めしを棒状に巻き、食べやすい大きさに切る。

定番中の定番おかず

切り昆布とサツマイモの煮物

子供たちも大好きなサツマイモと昆布たっぷりの煮物。油揚げやチリメンジャコも入れてバランスよく仕上げました（つくり方p56）

さっぱりサラダ風

切り昆布とレンコンのカラシ酢

ドレッシングのように回しかけるカラシ酢が食欲を刺激します（つくり方p56）

心なごむおいしさ カボチャと刻み昆布のみそ煮

カボチャと豚肉が入ってボリュームたっぷり。
昆布とカツオ節で風味も抜群（つくり方p57）

定番中の定番おかず

切り昆布とサツマイモの煮物

●あまり甘くせずに薄味で煮る

切り昆布と野菜の煮物は簡単にできておいしいご飯のおかずですが、中でもサツマイモとの組み合わせは定番中の定番。あまり甘くせずに薄味で煮るほうが、サツマイモも昆布も素材の旨みが生きて、たくさん食べられますよ。

子供たちにも好評で、お弁当のおかずにも喜ばれます。

［材料・4人分］刻み昆布20g、油揚げ1枚、サツマイモ1本、水カップ2、チリメンジャコ大さじ2、しょうゆ小さじ1/2〜1

［つくり方］①刻み昆布は水に浸けてやわらかくし、食べやすい長さに切っておく。

②油揚げは短冊に切り、サツマイモは皮ごと約1cm厚さの半月切りにする。

③①と②と分量の水を鍋に入れて、ふたをしてサツマイモがやわらかくなるまで煮る。

④やわらかくなったら、チリメンジャコとしょうゆを回し入れて火を止める。

栄養たっぷり、切り昆布とサツマイモの煮物

さっぱりサラダ風

切り昆布とレンコンのカラシ酢

●カラシ酢を回しかけて仕上げる

切り昆布を使った愛媛県宇和島地方の郷土料理のアレンジです。合わせる野菜はレンコンやタケノコ、大根、カブのほかコンニャクなどもよく合います。最後に回しかけるカラシ酢のおかげで、さっぱりとサラダ感覚で食べられます。

［材料・4人分］切り昆布20g、レンコン1節、水カップ1、A（酢大さじ3、溶きガラシ大さじ1、ハチミツ大さじ1、しょうゆ大さじ1、すりゴマたっぷり）

[つくり方]①切り昆布は水に浸けて戻し、食べやすい長さに切っておく。レンコンは皮をむき、5㎜くらいの厚さの半月切りにする。
②①の切り昆布とレンコン、分量の水を鍋に入れ、ふたをして、レンコンがやわらかくなるまで煮る。
③Aを混ぜてカラシ酢をつくる。
④煮上がった②の切り昆布とレンコンを器に盛り、③のカラシ酢を回しかける。

心なごむおいしさ

カボチャと刻み昆布のみそ煮

●カツオ節は粉にして入れるのがポイント

豚肉を入れて、ちょっとおかず風に仕上げてみました。最後に入れるカツオ節は、手でもんで粉にして入れてくださいね。昆布と豚肉とカツオ節の三つの旨みで食が進みます。

[材料・4人分] 刻み昆布約10g、豚薄切り肉200g、しょうゆ少々、ゴマ油小さじ1、ニンニク1かけ、カボチャ1/8個、水カップ1、カツオ削り節適宜、みそ大さじ1

[つくり方]①刻み昆布はたっぷりの水で戻し、食べやすい長さに切る。
②豚肉は一口大に切って、しょうゆでもみ込む。
③鍋を熱してゴマ油を入れ、みじん切りにしたニンニクを炒める。香りが立ってきたら②の豚肉、一口大に切ったカボチャ、①の刻み昆布の順に加えて炒める。
④豚肉に火が通ったら、分量の水を入れてカボチャがやわらかくなるまで煮る。最後に手でもんで粉にしたカツオ節とみそを入れ、ひと混ぜしたらできあがり。

カボチャと豚肉入り刻み昆布の煮物

おかずになるスープ 昆布とスペアリブのポトフ

昆布仕立てのポトフです。スペアリブが実によく合います
（つくり方ｐ60）

やさしい辛さとすっぱさ
昆布と溶き卵のスープ

溶き卵でとじた、ふんわりやさしいスープ。
ショウガもたっぷりで体があたたまります
（つくり方p60）

具だくさんでほっかほか
昆布入り沖縄風豚汁

具だくさんでボリューム満点。元気が出る豚汁です。
だしにも具にもなる昆布が大活躍（つくり方p61）

おかずになるスープ

昆布とスペアリブのポトフ

●ボリュームたっぷりがうれしい

沖縄県は、昆布消費量が日本一。その昆布料理の多くは、だしではなく、料理として食べられているのというのが特徴です。沖縄で使われている昆布は、早煮昆布の場合が多いのですが、ことこと煮込めば普通のだし昆布でもかまいません。むしろ旨みはこちらのほうがありますね。

ここでは、沖縄風のおかず風昆布スープを3種紹介します。

[材料・4人分] 昆布20g、豚スペアリブ約500g、干しシイタケ2~3枚、ニンジン1本、大根1/3本、水カップ5、ショウガ（薄切り）2~3枚、塩・しょうゆ・コショウ各適宜、溶きガラシ好みで少々

[つくり方] ①スペアリブは、さっと下茹でする。

②大根とニンジンは、一口大の食べやすい大きさに切る。昆布も同様に、食べやすい大きさにキッチンばさみで切っておく。

③材料をすべて土鍋に入れ、沸騰させないように気をつけながらスペアリブと昆布がやわらかくなるまで煮る（途中火を消して余熱を利用するとふっくらと仕上がり具合がよい）。

④調味料で味を調え、カラシを添える。

[メモ] スープに麺を入れてもおいしい。

昆布とスペアリブのあったかポトフ

やさしい辛さとすっぱさ

昆布と溶き卵のスープ

●栄養たっぷりが魅力

[材料・4人分] 早煮昆布10g、豚バラ肉100g、A（早煮昆布の戻し汁と水合わせてカップ

3、細切りした干しシイタケ2枚、ショウガ汁1かけ分、酢大さじ1）、トマト1個、卵2個、塩・しょうゆ各適宜、コショウたっぷり

［つくり方］①昆布は5分ほど水に浸けてから、はさみで細く切っておく。

②鍋を熱して一口大に切った豚バラ肉を入れ、肉がカリカリになるまで炒める。

③②にAを加え、昆布がやわらかくなるまで煮て、塩、しょうゆ、コショウで味を調える。

④トマトのざく切りを入れてひと煮立ちさせ、溶き卵を回し入れて火を止める。

具だくさんでほっかほか
昆布入り沖縄風豚汁

●具だくさんの、あったかスープ

［材料・4人分］早煮昆布10g、干しシイタケ2枚、水4カップ、ゴボウ1本、ニンジン1本、大根約10cm、油揚げ1枚、豚バラ肉100g、豆腐1丁、しょうゆ・塩・酒各少々、カツオ削り節ひとつかみ、青ネギ少々

［つくり方］①早煮昆布は角切りにし、干しシイタケは細切りにする。分量の水に入れて、時間があるときはしばらく置く（時間がなければ時間をおかなくてもよい）。

②ゴボウは皮をこそぐようにむいて薄切りに、ニンジンと大根、油揚げは短冊切りにする。

③①に②を加えて火にかけ、沸騰したら一口大に切った豚バラ肉を入れて、全体がやわらかくなるまで煮る。

③さらに豆腐を手でくずしながら入れ、酒、塩、しょうゆで味を調える。手でもんで細かくしたカツオ節を入れて、火を止める。

④彩りに青ネギの小口切りを散らすとよい。

昆布と具が満載の沖縄風豚汁と溶き卵の辛くてすっぱいスープ

とろろ昆布の達人になる

かけるだけの魅力とろろ昆布風味の漬け物

塩もみしただけの野菜の漬け物に、とろろ昆布としょうゆをかけてみてください。たちまち昆布の旨みたっぷりの漬け物に早変わり。昆布は細かく下処理したものを使ってくださいね（つくり方ｐ64）

つけやすく食べやすいとろろ昆布のおにぎり

長いままとろろ昆布を巻くのは、手にくっついてやりくいもの。バットに細かくしたとろろ昆布を入れて、その中でおにぎりを転がしながらまぶしつけるとうまくいきます。きれいについて食べやすいのでおすすめです

とろろ昆布を購入したら細かく切りほぐすか粉状にしておくと使い勝手がよく、使い方もいろいろ（ｐ34参照）

お弁当の強い味方とろろ昆布の段々弁当

お弁当の白いご飯の間に、とろろ昆布をはさんで段々に重ねていくと、のり弁当とは一味違ったおいしさになります。細かくしたとろろ昆布をご飯一面に散らす感じで。

しょうゆをひとふり

サラリとかき込む とろろ昆布佃煮のお茶漬け

お茶漬けにもとろろ昆布は大活躍。熱々ご飯にとろろ昆布の佃煮をのせ、好みで梅干しものせてお湯をかければ、昆布の旨みたっぷりのだし茶漬けができあがります

しょうゆをひとかけ とろろ昆布の即席佃煮

お弁当の隙間埋めに入っているとうれしい佃煮。とろろ昆布を使えば、あっという間にのりの佃煮ならぬ昆布の佃煮ができあがります（つくり方ｐ64）

【とろろ昆布の達人になる】

かけるだけの魅力 とろろ昆布風味の漬け物

［材料・4人分］ とろろ昆布（粉状）適宜、白菜1/4株、塩少々、しょうゆまたはポン酢適宜

［つくり方］ ①白菜はざく切りにして塩でもみ、重しをのせて1時間ほど置く。

②軽く水けを絞ったら、食べる直前まで冷蔵庫に入れる。

③軽く絞って器に盛り、とろろ昆布をたっぷりかけ、好みでしょうゆかポン酢をかける。

しょうゆをひとかけ とろろ昆布の即席佃煮

［材料］ とろろ昆布適宜、しょうゆ適宜

［つくり方］ ①とろろ昆布は、下処理して細かくほぐしておく（p34参照）。

②しっとりするまで、しょうゆを入れる。

［メモ］ おにぎりの芯にしたり、スティック状に切ったキュウリや大根にのせて食べる。

応用自在に 野菜炒めやおかゆに

野菜炒めをつくっていると、野菜から水分が出てベチャッとした仕上がりになってしまうことってありますね。そんなときは仕上げに粉にしたとろろ昆布を加えると、野菜から出た水分をとろろ昆布が吸って、とろりとした八宝菜風の野菜炒めに早変わりします。

京都のホテルに宿泊して朝がゆ定食などを頼むと、とろりとしたあんをかけて食べるおかゆが出てくることがあります。おかゆとあんを両方つくるとなると家庭ではちょっと面倒な感じがしますが、そんなときは、とろろ昆布の即席佃煮をのせてみてください。昆布の旨みもプラスされて、一石二鳥です。

第3章

昆布クッキング自由自在

シンプルな昆布の素揚げは天然の塩味を生かして

味を含ませる技あり術
昆布と干しシイタケのご飯

乾物をしょうゆに漬け込んで、戻しながら味を含ませるのがコツ

昆布、ヒジキ、干しシイタケと保存がきく乾物だけでつくる炊き込みご飯は、忙しいときのお助けメニュー。冷めてもおいしいので、お弁当やおにぎりにも

（つくり方p68）

手軽な材料でつくる

刻み昆布と鮭の炊き込みご飯

手軽な材料で手間いらずにできるのが魅力です。あっさり塩味で、バターを落とせば洋風のピラフにも（つくり方p69）

鮭は甘塩のものを。生鮭の場合は、あらかじめ塩をふって

味を含ませる技あり術

昆布と干しシイタケのご飯

●昆布もシイタケもヒジキも乾いたまま

乾物だけでつくれる簡単だけれども旨みたっぷりの炊き込みご飯です。コツは昆布と干しシイタケを乾いたまま、しょうゆに少し漬け込んでから炊き込むこと。

そうすると、しょうゆに旨みがつくのと同時に、昆布と干しシイタケはまるで佃煮にしてから入れたかのように、ご飯に混ざってからもしっかりとしょうゆ味が染み込んでいておいしいのです。ヒジキも乾いたまま、ぱらぱらっと加えるだけでOK。冷めてもおいしいのでお弁当にもどうぞ。

そうそう、炊きあがった後、チリメンジャコや桜エビを加えても合いますよ。

［材料・4人分］ 米2カップ、水2カップ半（普通に炊飯する水加減よりやや多め）、昆布1×10cmのもの1枚、ヒジキ大さじ2、干しシイタケ5枚、しょうゆ大さじ2、酒大さじ2、ゴマたっぷり

［つくり方］ ①米は洗って普通よりやや多めの水加減にし、30分ほど浸水させる。

②干しシイタケと昆布はキッチンばさみで細く切って、しょうゆと酒をふりかけておく（干しシイタケがしっとりするまで、ふりかける。水分が足りないようなら水も少しかける）。乾物を戻しながら味を含ませるのが、みそ。

③①に乾いたままのヒジキと②を入れて、普通通りにご飯を炊く。

④炊きあがったらゴマをたっぷり混ぜる。

乾物に味を含ませて炊く
技ありのご飯

手軽な材料でつくる
刻み昆布と鮭の炊き込みご飯

●鮭を生のままで炊き込む手軽さ

切り昆布と鮭をあっさりとした塩味の炊き込みご飯にしてみました。鮭は切り昆布を座布団のように置いた上で蒸しながら加熱するので、生のまま炊き込んでも生ぐさくなることはありません。昆布の旨みと鮭のおいしさで、これだけで充分満足できる一品です。

炊きあがったら鮭の身をほぐして混ぜる

塩鮭を使う場合は、甘塩のものを使うと、辛くなりすぎなくていいですね。生鮭を使うときは、あらかじめ塩をふってから炊き込んでください。

仕上げにバターを2かけほど落として混ぜると、ちょっと洋風のピラフに早変わりします。

［材料・4人分］ 米2カップ、水2カップ強、酒大さじ2、ショウガ汁1かけ分、切り昆布20g、甘塩鮭2切れ

［つくり方］ ①切り昆布は、あらかじめ5分間くらい水に浸けて戻してから、食べやすい長さに切っておく。

②米は洗って水加減し、①とほかのすべての材料を炊飯器に入れて、普通に炊く。切り昆布の上に、鮭をのせるように置いて炊くと、よく蒸されてよい。

③炊きあがったら、鮭だけを取り出して身をほぐし、ご飯に戻し入れて混ぜればできあがり。

［メモ］ 魚は鮭のほかに、ひと塩のタラでもおいしくできる。ツナ缶や、小エビを使ってつくることもできるが、その場合は最初からいっしょに炊き込まず、切り昆布だけでご飯を炊いておいて、炊きあがった直後にツナやエビをさっと入れ、余熱で火を通すくらいで丁度よい。

とろりと
いい感じ

昆布と野菜入り鶏そぼろご飯

子供たちにも人気の鶏そぼろですが、ポロポロこぼしやすいのが難点。そこで、とろろ昆布でとろみを加え、野菜もたっぷりに仕上げました（つくり方ｐ72）

ネバとろ同士の組み合わせ ダブルとろろそば

とろろ昆布入り麺つゆと長いものとろろを合わせた、ネバネバとろりのそば。さっぱりと食べたいときにはｐ28の麺つゆを使用してもＯＫ（つくり方ｐ73）

長いもをたたいてつぶして、とろろに。すりおろす手間も省け、これは快感

とろりといい感じ

昆布と野菜入り鶏そぼろご飯

●とろろ昆布の特性を生かして

甘辛味の鶏そぼろって子供も大人も大好き。でも気になることがいくつかあります。

まず、鶏そぼろご飯って鶏そぼろと炒り卵が基本で野菜が入れにくいこと。それから、ぽろぽろして食べにくいこと。特にお弁当に入れる場合は冷めてしまうので、よけいぽろぽろして、スプーンなしでは子供には食べにくかったりします。

そこで野菜をたっぷり入れてみると、しっとりおいしい鶏そぼろができました。ところが今度は野菜の水分が出てきてしまい、ご飯の上にかけるとビシャビシャしてしまうことに。水溶き片栗粉でとろみをつけるのもひとつの手ですが、こんなときこそ、とろろ昆布を入れてみましょう。

とろろ昆布のおかげでとろりといい感じのとろみがつき、しかも旨みもプラスされて、一石二鳥。とびきりおいしく栄養バランスもいい鶏そぼろが完成しました。入れる野菜は、冷蔵庫にあるものをなんでも適当に細かく刻んで入れればいいのですが、タマネギとニンジンは甘みが出るので、ぜひともほしいところです。

お好みで炒り卵やのりをプラスしてのせてもおいしいですし、具だけをオムレツの中身にするのもおすすめです。

とろろ昆布でとろみを出した鶏そぼろご飯

[材料・4人分] とろろ昆布（p34を参照して細かく切る）適宜、ご飯茶碗4杯分、ニンジン小1本、干しシイタケ2枚、鶏ひき肉100g、しょうゆ大さじ2、みりん大さじ2、ゴマ適宜、青ネギ少々

[つくり方] ①鍋に、せん切りにしたニンジン、細かく砕いた干しシイタケ、鶏ひき肉、しょうゆ、

みりんを入れて火にかけ、ニンジンがやわらかくなるまでふたをして弱火で2～3分煮る。

②最後にとろろ昆布を入れて水分を吸わせたら、ゴマとともにご飯に混ぜる。彩りに青ネギの小口切りを散らすとよい。

ネバとろ同士の組み合わせ
ダブルとろろそば

そばに、とろろと昆布をかけた至福の味

●とろりとした食感の組み合わせ

しょうゆとみりんと水を混ぜたところに、とろろ昆布とカツオ節を入れれば、あっという間に麺つゆのできあがり。この即席麺つゆ、水で薄めてつけ麺にしてももちろんいいのですが、せっかくですので、長いもをすりおろしたとろろと合わせて、ダブルとろろ仕立てにしてみたところ、とろりとした食感同士バッチリ合って、感動の組み合わせに。

このほか、茹でてたたいたオクラや納豆などと合わせて、サラダ風のぶっかけそばにしてみるのもおもしろいですよ。味にパンチを効かせるために、ワサビはぜひほしいところです。

[材料・４人分]　とろろ昆布（p34を参照して細かく切る）2～3つまみ、A（しょうゆ大さじ2、水大さじ2、みりん大さじ2）、カツオ削り節適宜、長いも適宜、おろしワサビ適宜、そば適宜

[つくり方]　①Aを混ぜ合わせる。とろろ昆布、手でもんで粉にしたカツオ節を加えて、即席の麺つゆをつくる。

②長いもは皮をむいてビニール袋に入れ、麺棒で上からたたいてつぶす。ストレス発散にもなり、おいしいとろろもできるので一石二鳥。

③そばを茹でて冷水にとって水けを切り、②の長いものとろろをかける。さらに、その上から①の麺つゆをかける。

④ワサビを添えて供する。

まぶすだけで
旨み倍増

とろろ昆布と野菜の翁煮

野菜の煮物に、とろろ昆布をたっぷりのせればできあがり。煮汁が染みた、滋養たっぷりの逸品（つくり方p76）

短時間で煮上がる
イワシと早煮昆布の中華風煮

酢をたっぷり入れて煮ます。イワシの生ぐさささが消え、昆布がやわらかく煮えて一石二鳥（つくり方p77）

まぶすだけで旨み倍増

とろろ昆布と野菜の翁煮

●最後にとろろ昆布をまぶして

翁《おきな》というのは、昔話に出てくるようなおじいさんで、たいがい白髪と長いひげをたくわえています。たぶんそのひげの感じと、とろろ昆布が似ているからでしょう。とろろ昆布を使った料理には、「翁」という名がつく場合が多いのです。ここで紹介する翁煮もそのひとつです。

たとえば、白身魚に卵白ととろろ昆布をつけて揚げたものは翁揚げですし、とろろ昆布をまぶして蒸せば翁蒸し。お刺し身などを、とろろ昆布で和えれば翁和えという具合。

この翁煮は、やわらかく煮た野菜にとろろ昆布をまぶしたもの。水だけで煮ても、仕上げにとろろ昆布をまぶすことで、昆布の旨みたっぷりの煮物に変わるのがうれしい、お手軽な一品です。

もちろん、普通に煮たおでんにとろろ昆布をかけて、翁煮というふうにしてもかまいません。

野菜はほかに、さっと煮た小松菜、チンゲンサイ、白菜、キャベツといった葉野菜でもおいしくいただけます。とろろ昆布の上からたっぷりと煮汁がかかり、とろりとなったとろろ昆布を野菜にからめながら食べるのが、なんといってもおいしいですよ。

とろろ昆布をだし調味料代わりに

［材料・4人分］ 大根約10cm、ニンジン小1本、水1カップ、しょうゆ大さじ1、みりん大さじ1/2、とろろ昆布たっぷり、ゴマ適宜

［つくり方］ ①大根は1cm厚さくらいの拍子木切りに、ニンジンは大根よりやや小さめの拍子木切りにする。

②①と分量の水、しょうゆ、みりんを鍋に入れて火にかけ、野菜がやわらかくなるまで煮る。

③器に野菜を盛り、とろろ昆布をたっぷりのせた上から煮汁をかけ、ゴマをふる。

短時間で煮上がる
イワシと早煮昆布の中華風煮

●ここでも酢を入れて煮るのがポイント

酢を入れることで、イワシは生ぐささが消え、昆布はとろりととろけるようにやわらかく煮えます。10分ほどさっと煮るのもいいけれど、このまままことこと30~40分煮続けると、イワシは骨まで食べられるくらいにやわらかくなります。

酢がたっぷり入るのですっぱい感じがするかもしれませんが、煮ているうちに酸味は飛んでいきますので、すっぱいのが苦手な人でも大丈夫だと思います。気になるようなら、砂糖かハチミツを少し加えると、酸味がマイルドになって食べやすくなります。

イワシと昆布をやわらかく煮た中華風煮物

イワシのほかに、サバやサンマ、アジなどの青背の魚でも同様につくれます。

しょうゆの代わりに、みそやオイスターソースを加えても、一味違ったおいしさが味わえます。

［材料・4人分］ 早煮昆布約20g、イワシ4尾、A（水1カップ、酢1カップ）、しょうゆ大さじ2、みりん大さじ1、ゴマ油小さじ1、青ネギ適宜

［つくり方］ ①イワシは頭とはらわたを除き、洗って水けをふいておく。

②細く切った早煮昆布とAを鍋に入れて火にかけ、煮立ったら①のイワシを入れて落としぶたをし、中火で10分ほど煮る。時間があれば、30分ほどさらにことこと煮ておけば、骨までやわらかくなる。

③イワシを皿に盛り、昆布もさらに食べやすく切るなどして添える。

③小口切りにした青ネギを散らす。

熱々でも冷やしてもおいしい

切り昆布のサラダ

野菜やキノコといっしょに茹でてつくれる切り昆布の中華風ドレッシングかけサラダです。昆布をたくさん食べられるのが魅力です（つくり方ｐ80）

沖縄の知恵に拍手喝采

切り昆布のそうめんチャンプル

焼き麺にもいろいろあれど、このそうめんチャンプルは、昆布、豚肉、豆腐入り。おまけに薄味がうれしい長寿食です（つくり方p81）

熱々でも冷やしてもおいしい

切り昆布のサラダ

●野菜と海藻のコンビネーション

昆布のサラダをつくってみましょう。ワカメのサラダとは違って、もう少しシャキッとした食感です。切り昆布は早煮昆布を細く切ったものなので、さっと煮ただけでも充分にやわらかくなります。野菜といっしょに茹でてしまえば、一鍋でつくれるので便利ですね。熱々でも冷やしても、どちらでもおいしいサラダです。

エノキダケのほかに、シイタケやシメジといったキノコ類もいいですし、細切りにしたニンジンやキヌサヤなども色どりがきれいです。三つ葉は香りと食感を残すために後から混ぜていますが、いっしょに茹でてもかまいません。茹であがった後に、キュウリやレタス、貝割れ大根といった生野菜を混ぜてみるのもいいですよ。

今回は、ゴマ油の入った中華風のドレッシングで和えていますが、たたいた梅干しを入れた梅肉味のドレッシング、ニンニクやショウガのすりおろしを入れたエスニックなドレッシングなどもよく合います。

［材料・4人分］切り昆布20g、エノキダケ1袋、三つ葉1束、A（しょうゆ大さじ1、酢大さじ1、ゴマ油大さじ1、ゴマ大さじ1）

［つくり方］①切り昆布は水に10分ほど浸けてから、食べやすい長さに切る。

②エノキダケは石突きを取り、長さを半分に切ってからほぐしておく。三つ葉はざく切りにする。

③鍋に湯を沸かして切り昆布を入れ、続いてエノキダケも入れてサッと火を通し、ザルにあける。

④③に三つ葉を混ぜて器に盛る。

⑤食べるときにAを混ぜ合わせたドレッシングをかける。

サラダにして昆布をたっぷり摂取

沖縄の知恵に拍手喝采

切り昆布のそうめんチャンプル

●沖縄でポピュラーな炒め物

豆腐と野菜を油で炒めたチャンプルは、沖縄ではもっともポピュラーな家庭料理。豚肉を入れたり、そうめんや昆布を入れたりと、各家庭ではさまざまなチャンプルがつくられています。

そうめんチャンプルを上手につくるポイントは、そうめんを入れる前に、鍋の中に少し水分があること。そうでないと炒めたときにそうめんが鍋肌にくっついてしまい、結果たっぷりの油を入れるので、しつこい味になってしまうのです。

焼きそうめんに昆布や豚肉を加えた逸品

そういう意味では、切り昆布と豆腐の入ったこのそうめんチャンプルは、材料から水分が出てくるため、鍋肌にそうめんがくっつく心配はありません。しかも、昆布の旨みたっぷりですので、薄味でもおいしく食べられます。

この一皿で栄養バランスもバッチリ。さすが長寿日本一の沖縄の知恵に拍手、拍手です。

[材料・4人分] 切り昆布約20g、豚肉100g、しょうゆ・酒各少々（下味用）、ゴマ油小さじ1、タカノツメ適宜、ショウガ1かけ、青ネギ1本、豆腐1丁、しょうゆ大さじ1、そうめん3把、カツオ削り節ひとつかみ

[つくり方] ①切り昆布は5分くらい水に浸け、食べやすい長さに切る。

②豚肉にしょうゆと酒で下味をつけ、よくもみ込む。フライパンにゴマ油を熱し、タカノツメ、せん切りにしたショウガ、斜め薄切りにしたネギ、豚肉の順に加えて炒める。

③豆腐をくずしながら加え、切り昆布を入れたら、ふたをしてそのまま5分ほど煮込む。

④しょうゆで味をつけてから、茹でて水を切ったそうめんを入れて、全体を混ぜる。

⑤最後にカツオ節を混ぜれば、できあがり。

軽やかさが身上

とろろ昆布のカリカリスナック

意外や意外、とろろ昆布とマヨネーズの組み合わせが絶妙のハーモニー。シュウマイの皮に塗って、カリッと焼くだけ（つくり方p84）

餃子の皮でもできますが、シュウマイの皮がよりクリスピー

生地がしっとりフワフワに とろろ昆布のお好み焼き

昆布の旨みを堪能したい

ある日ふとひらめいて、とろろいもの代わりにとろろ昆布を混ぜたところ、これが大成功。具は桜エビなどを、お好みでどうぞ（つくり方ｐ85）

軽やかさが身上
とろろ昆布のカリカリスナック

●シュウマイの皮が軽やかでおすすめ

とろろ昆布を使ってカリカリのスナックをつくってみました。マヨネーズととろろ昆布は一見ちょっとミスマッチな感じがしますが、食べてみるとこれがなかなか合うのです。

電子レンジを使ってつくりますが、もちろんオーブントースターで焼いてもかまいません。ただし、皮がカリッとなる前にとろろ昆布が焦げやすいので、それだけは注意してくださいね。

一度にたくさんつくりたいときは、ちょっと多めの油を引いたホットプレートやフライパンで焼くこともできます。その場合は、とろろ昆布のついた内面から入れて、カリッとなるまで焼き、引っくり返してからは、短時間で焼き上げるのがコツ。この方法でも、やっぱりとろろ昆布が焦げやすいのです。

電子レンジの時間は、1枚につき約1分ほど。いずれにしても、とろろ昆布が焦げやすいので、最初はそばで見ながらつくってくださいね。ターンテーブルの中心を避けて端に置くほうが焦げにくいようですよ。

餃子の皮でもできますが、シュウマイの皮のほうが薄いので、パリッと軽い感じに仕上がります。

[材料] シュウマイの皮・マヨネーズ・とろろ昆布(細かくほぐしたもの。p34参照)各適宜

[つくり方] ①シュウマイの皮にマヨネーズを薄く塗り、その上にほぐしたとろろ昆布を散らす。②電子レンジに入れ、カリッとなったらできあがり。

パリパリした食感の即席スナック

生地がしっとりフワフワに
とろろ昆布のお好み焼き

●昆布を生地に混ぜたお好み焼き

とろろ昆布ととろろいもは、なんとなく似ている気がして、とろろいもの代わりに、とろろ昆布をお好み焼きの生地に混ぜてみたところ、これが見事にマッチ。思ったとおり、しっとりフワフワの生地ができあがりました。とろろ昆布は、細かくほぐしたものでもいいのですが、粉にしたものを使えば、さらに口当たりがしっとりなめらかです（p34参照）。しかも昆布の旨みがたっぷり入るので、おいしさも倍増でいうことなし。

昆布の旨みたっぷりで、驚きのおいしさ

ここでは、ありあわせの材料で簡単にできるように仕上げましたが、もちろん具だくさんのお好み焼きにしてもOKです。ちなみに関西では、お好み焼きを一銭洋食焼きなどともいいます。フライパンで薄く焼くのもよし、ホットプレートでわいわい焼きながら食べるのもよしです。

具にチーズを入れて、ちょっとピザ風にするのもおすすめです。とろろ昆布とチーズって一見意外な気もしますが、味の相性はバッチリですよ。

[材料・4人分]　A（小麦粉1/2カップ、水1カップ、卵2個、とろろ昆布たっぷり、青ネギの小口切りたっぷり）、桜エビ・天かすなどあれば適宜、ソース・しょうゆ・マヨネーズなど各適宜、カツオ削り節・青のり各適宜

[つくり方]　①Aをよく混ぜる。

②フライパンに①を適量ずつ流し、上に桜エビや天かすなど好みの具をトッピングして、両面をこんがりと焼く。

③お好みでマヨネーズのほか、ソース、しょうゆなどを塗り、カツオ節や青のりをかけてもよい。

サクッととろりの感触 とろろ昆布のてんぷら

サクッととろりの感触が一度に味わえる、とろろ昆布のてんぷら。これが、なんともおいしいんです。好みで塩をちょこっとつけて召し上がれ（つくり方p88）

ニンジンや桜エビを加えてもかまいませんが、まずは昆布だけでお試しあれ

ヘルシーな
簡単スナック
昆布の素揚げ

昆布を油で揚げるだけの簡単スナックですが、やみつきになるおいしさ。焦げやすいので、低温でじっくり、ぷっくりふくれて浮いたら一気に上げるのがポイント。（つくり方p89）

サクッととろりの感触
とろろ昆布のてんぷら

●衣はちょっとゆるめに、がポイント

とろろ昆布のてんぷらというと、一瞬ハテナと思われるかもしれませんが、サクッとした衣の中からとろりとしたとろろ昆布が出てくるといえば、大体の食感は想像していただけますでしょうか。

普通のてんぷらよりもちょっとゆるめに溶いた衣の中に、直接とろろ昆布を混ぜてからめて、後は油の中に食べやすい大きさで落として揚げればOKです。衣はちょっとゆるめでないと、とろろ昆布が水分を吸うので、後の作業がやりにくいのです。

油の温度はやや高めで、衣の種を箸の先で落としたら、すぐにパーッと浮かんでくるくらいの温度がいいですね。中身はとろろ昆布なのですから、とにかく回りがサクッと揚がれば、それで食べられるわけですし。

中に入れる具は、もちろんニンジンのせん切りとかネギとか桜エビとか、いわゆる普通のかき揚げのような材料を混ぜてもいいのですが、とろろ昆布だけというシンプルさも、これはこれでおいしいもの。ぜひ、お試しください。

衣の中からとろり、昆布の快感

味つけは、麺つゆなどなくても、とろろ昆布の自然な旨みだけで充分。もし足りないようなら、塩を好みでちょんちょんとつける程度でいいと思います。とろろ昆布は、あらかじめ細かくほぐしたものを使ってくださいね。食べやすさがぜんぜん違いますから。

とにかく、このてんぷらは揚げたてのサクサク感がごちそうですから、できれば食べる人たちが食卓についてから揚げ始めるくらいのタイミング

で丁度いいと思います。熱々をどうぞ。

【材料・4人分】とろろ昆布（細かくほぐしたもの。p34参照）適宜、A（小麦粉1カップ、ベーキングパウダー小さじ1、水1カップ強）、揚げ油適宜、塩好みで適宜

【つくり方】①ボールにAを合わせて混ぜ、細かくほぐしたとろろ昆布を加えて混ぜる。

②180度くらいに熱した油に、スプーンで①を適量ずつ落としながら、カラリと揚げる。揚げたてに好みで塩をふって食べる。

ヘルシーな簡単スナック

昆布の素揚げ

●いい昆布はもったいない。切り落としで

昆布の素揚げは、おやつにビールの肴に

昆布を油で揚げると、カリカリとして、まるであられのような食感。とってもヘルシーなスナック菓子に大変身します。揚げるときのポイントはやや低めの温度で揚げること。熱いところに入れるとあっという間に焦げてしまうからで、やや低い温度の油に入れて、ゆっくりじわじわ揚げると失敗がありません。

ただし、それでも焦げ始めたら、あっという間に真っ黒になってしまいます。ですから昆布がぷくっと膨れて上がってきたら、一気にすくい上げてくださいね。昆布の塩分だけで充分しょっぱいので、塩も何もいりません。

缶などに入れて保存しておけば、2～3日はおいしく食べられます。

使う昆布は、いい昆布だともったいないので、不ぞろいの切り落としで充分ですね。

【材料】だし昆布適宜、揚げ油適宜

【つくり方】①だし昆布は、食べやすい大きさにキッチンばさみで切る。

②160度くらいの低い温度の油に昆布を入れ、ゆっくりカリッとなるまで揚げる。昆布が膨れて上がってきたら、一気に油から引き上げる。

納豆昆布の達人になる

混ぜて混ぜておいしくなる

混ぜるだけでネバネバに
納豆昆布の似せ納豆

湯としょうゆを注いでグルグルかき混ぜるだけで、ヘルシーなご飯のお供ができあがり。さらに茹で大豆を加えて（つくり方p92）

チリメンジャコを先に空炒りして味をつけておくと、ちょっと佃煮風になり日もちがよくなります。ゴマもプラスして（つくり方p92）

チリメンジャコとゴマをプラス
納豆昆布のふりかけ風

納豆昆布も、最近はスーパーで売られるようになったので、ファンもずいぶん増えました。とても重宝で、忙しいときのお助けメニューに欠かせません

せん切り長いもを和える
納豆昆布ドレッシングかけ

納豆昆布のトロトロ感を生かしてドレッシング風に。
長いものせん切りに合わせて（つくり方ｐ93）

切り干し大根と混ぜるだけ
納豆昆布の和え物

昆布と切り干し大根の乾物同士の組み合わせ。
ヘルシーな即席常備菜（つくり方ｐ93）

【納豆昆布の達人になる】

混ぜるだけでネバネバに
納豆昆布の似せ納豆

●ネバネバ昆布に大豆を入れて

納豆昆布とはよくぞ名づけたもので、湯としょうゆを合わせて混ぜただけでネバネバの一品ができあがるのですから、とても重宝です。

実は、私の息子が大の納豆嫌いで、朝ご飯になんとか納豆を食べさせる方法はないだろうかと考えていたときに思いついたのが、ここで紹介する似せ納豆なのです。つまり、どろどろした納豆昆布に水煮大豆が入ったら、納豆昆布大豆、略して納豆だと。

納豆嫌いは、まずネバネバ感よりも、あの強烈なにおいがだめな場合が多いので、これなら問題なく食べられたことはいうまでもありません。

もちろん自分で水煮にした大豆のおいしさは格別ですが、缶詰やレトルトの水煮大豆を使えば、もっと気楽につくることができますね。

［材料・4人分］納豆昆布20g、湯100cc、茹で大豆1カップ、しょうゆ・溶きガラシ各適宜

［つくり方］①納豆昆布に熱湯を入れて、かき混ぜる。ねっとりやわらかくなったら、茹で大豆を混ぜる。

②好みで、しょうゆとカラシを合わせる。

ご飯をおいしくする納豆昆布のふりかけ風

チリメンジャコとゴマをプラス
納豆昆布のふりかけ風

●チリメンジャコやゴマも加えて

私は、スーパーでふりかけが売っているコーナーを見て歩くのが好きです。で、アイデアだけを

頂戴して、せっせと家で同じようなものをつくるのです。

この納豆昆布のふりかけも、やはりスーパーで見かけたものを、真似してつくってみたのがきっかけです。納豆昆布が余分な水分を吸って、若干しっとりと仕上がります。

［材料・4人分］納豆昆布20g、チリメンジャコ30g、A（しょうゆ大さじ1、みりん大さじ1）、すりゴマ大さじ2

［つくり方］①フライパンを熱してチリメンジャコを空炒りし、Aを入れてからめる。

②納豆昆布も入れてさっと混ぜ、火を止める。

③すりゴマを混ぜ入れて、できあがり。

せん切り長いもを和える
納豆昆布ドレッシングかけ

［材料・4人分］納豆昆布20g、長いも約300g、湯100cc、しょうゆ少々、柑橘の絞り汁少々

［つくり方］①長いもはせん切りにして器に盛る。

②納豆昆布に湯を注ぎ入れ、とろとろになるまで混ぜたら、しょうゆと柑橘の絞り汁を入れて味を調える。

③②の納豆昆布ドレッシングを①にかける。

切り干し大根と混ぜるだけ
納豆昆布の和え物

［材料・4人分］納豆昆布適宜、切り干し大根40g、A（水1カップ、酢大さじ1）、しょうゆ少々

［つくり方］①切り干し大根はさっと洗って食べやすい長さに切り、Aの水と酢に浸ける。

②納豆昆布を①に加えて混ぜ、好みでしょうゆを入れる。

切り干し大根と納豆昆布の即席和え物

砂糖はほんの少し

とろろ昆布のサクサククッキー

ちょっと昆布色で、ちょっと不思議なクッキーは、私の自信作。お友達とのティータイムの話題づくりにも、もってこいだと思いますよ。とろろ昆布は、かならず粉にしてから加えてくださいね（つくり方p.96）

ピッタリの相性
とろろ昆布と粉チーズのクレープ

意外かもしれませんが、とろろ昆布と乳製品、特にチーズは相性がよくて、私の大好きな組み合わせのひとつ。そこで、甘くないスナック風のクレープをつくってみました

(つくり方p96)

砂糖はほんの少し
とろろ昆布のサクサククッキー

●砂糖はほんの少しでヘルシー

昆布菓子は、あまり甘さがきついとせっかくの昆布の味がまったく分からなくなってしまいがち。そこで試行錯誤の末にできあがったのが、このクッキーです。砂糖はほんの少ししか入らないのに、昆布の旨みのためにしっかり甘さを感じます。それと不思議なことに、バターの香りととろろ昆布の風味は決して喧嘩せず、むしろ二つの相性が、このクッキーのおいしさの秘密です。

[材料・4人分] とろろ昆布（粉状にしたもの。p34参照）大さじ4、小麦粉120g、バター80g、砂糖大さじ2

[つくり方] ①バターを泡立て器で練って、マヨネーズほどの硬さにし、砂糖を入れてよく混ぜる。

②とろろ昆布と小麦粉を入れてゴムベラで混ぜ、食べやすい大きさに手で丸め、天板に並べる。フォークを当てて、模様をつけてもよい。

③180度に温めたオーブンで15〜20分焼く。

ピッタリの相性
とろろ昆布と粉チーズのクレープ

●粉チーズもプラスして

生地にとろろ昆布と粉チーズを混ぜて焼きました。もう少しボリューム感がほしいときは、プロセスチーズやスライスチーズをくるりと巻いてもいいでしょう。とろろ昆布が隠し味に入るだけで、味にコクと深みが出るから不思議です。

[材料・4人分] とろろ昆布（粉状にしたもの。p34参照）適宜、牛乳と卵合わせて200cc、粉チーズ大さじ2、小麦粉大さじ5、砂糖大さじ1、サラダ油またはバター適宜

[つくり方] ①粉チーズと小麦粉を混ぜたところに牛乳と溶き卵を入れ、よく混ぜる。

②サラダ油を引いて火にかけたフライパンに、①をスプーンで流し入れる。

③両面に焦げ色がつくまで焼いたら、表面にとろろ昆布をふって、四つにたたむ。

第4章

昆布通への予習と復習

堂々たる風格さえ漂う肉厚の日高昆布

昆布の採取と乾燥

●収穫までに通常は約2年

昆布は収穫できるようになるまでに、約2年かかります。最初の1年で成長した昆布は、一度枯れて根だけが残り、そこから再び太くしっかりした昆布が生えてきます。これを収穫したものが、私たちの知っている昆布です。

昆布の採取は、大体6月から10月ころまでの時期に行われますが、採取の量や時期は各地区の漁協で決められるので地域によって差があります。収穫の時期として一番よいのは、7月中旬から8月上旬ころといわれています。

ただし、この通常の昆布の採取日の前に収穫する昆布があって、それを棹前《さおまえ》昆布といいます。棹前昆布は5月1日から採取され、早煮昆布として売られています。成長が未熟で、いってみればまだ昆布の赤ちゃんなので、肉質がやわらかく早く煮えるわけですが、旨みや味の点では完成されていないため、だし昆布としては使えません。

●採取、陸揚げ、そして干し場へ

昆布の採取方法にはいろいろあるようですが、船外機つきの小型船に2～3人で乗りこんで、船の上から採るのが一般的です。ねじり竿《ざお》と呼ばれる、先に刃のついた長い棒を海中に突き刺し、刃の部分で昆布をまさぐって回転させ、軸にからませて抜き取るのですが、それを船の上で行うのはかなりの重労働なのだそうです。ねじり竿をねじるだけでも、かなりの踏ん張りと力が必要で、慣れない人には難しい作業だということです。

昆布を採った船は浜に戻って陸揚げし、また海に出て昆布を採ります。これを一日に何度も繰り返すといいますから、相当の重労働であり、忙しさであることは間違いありません。しかもこの後、さらに忙しい乾燥作業が待っているのです。

陸揚げした昆布は、砂がつかないように注意しながら干し場に運ばれます。

日当たりと風通しのいい干し場では、昆布を重ならないように並べ、できるかぎり短時間で干しあがるように工夫がされます。これはすべての乾物にいえることだと思うのですが、乾燥させるのに必要以上に時間をかけすぎると、成分も栄養価も、香りも見た目も悪くなってしまうのです。

　また、乾燥途中で傷ついてしまうと、商品としての価格に大きく影響が出てしまうので、干すときには細心の注意が払われるわけです。

通常の採取日の前に収穫された肉質のやわらかい早煮昆布

手前から羅臼昆布、利尻昆布、日高昆布、真昆布。いずれも人気が高い

採取、陸揚げ、乾燥と手塩にかけた作業を経て、出荷される

昆布の品質と栄養価

●昆布は低カロリーで微量栄養素を含む

昆布の品質は、昆布の種類や採れる時期、また保存方法等によって大きく左右されます。ですから購入した後も、保存の仕方がいい加減だとどんどん品質が低下することになります。少なくとも湿気を帯びないように、ふた付きの保存容器に入れ替えるくらいはしたいものです。

昆布は、栄養的にみると低カロリーですが、さまざまな微量栄養素をたくさん含んでいます。以下に特筆すべき栄養素の働きを紹介します。

アルギン酸

アルギン酸は昆布の細胞膜をつくっているおもな成分で、昆布の旨み成分のひとつでもあります。体内ではその大部分が消化されません。しかし、それが逆にコレステロールやよけいな物質を体外に排出するのを助けたり、血圧を下げたり、腸の働きを助けたりという作用を生みます。

またこのアルギン酸は、放射性のストロンチウムが動物の胃や腸から吸収されるのを防ぐ働きがあることも分かってきています。

工業的にみると医薬品にもさまざまな部分で使われていますが、私たちの一番身近なところでは、アイスクリームなどのとろりとした食感を出す安定剤として使われています。

ヨード

甲状腺ホルモンをつくるのに欠かせない成分で、新陳代謝を促す働きがあり、また老化を遅らせるのにも一役買っているといわれています。不足すると甲状腺腫を起こしたり、疲れやすくなったりしますが、昆布などの海産物を常食していれば、まず不足することはないといわれています。

ビタミン類

低カロリーの昆布は、一見栄養素が少ないように思われがちですが、ビタミン類も豊富に含んでいて、特にビタミンA及びカロチンが豊富です。もちろんこれらの栄養素は、だしを取った後の昆布に大量に残っています。昆布はだしだけではなく全部丸ごと食べるほうが、効果的に栄養素がとれることになります。

その他の無機質

昆布は、カリウム、マグネシウム、亜鉛、カルシウム、リン、鉄など、さまざまな無機質を含んでいます。エスキモーの人たちは、野菜などをまったく食べなくても、昆布をはじめとする海藻を食べることで、さまざまな微量栄養素を補っているほどです。

低カロリーで微量栄養素をたっぷり含んだ食材

食物繊維

昆布は大量の食物繊維を含んでいるために、一方では消化が悪いといわれることがあります。しかし、成人病対策という点からみると、重要な食物繊維源であることはいうまでもありません。

食物繊維は消化吸収のスピードを遅らせるという一面があるため、食物繊維を豊富に含みカロリーが低い昆布は、糖尿病などの人にはありがたい食べ物なのです。また、体外に排出されるときに、不要なコレステロールもいっしょに出してくれます。

もちろん、便秘対策としても効果的な食材ですし、ダイエット効果もおおいに期待できます。

だしを取るだけでなく、昆布本体もしっかり食べて栄養を摂取

昆布の見分け方と求め方

●奥薗流では、まず安い昆布を使い切る

昆布は、市場に出てくるまでに何ランクもの等級分けをされて店頭に並びますので、よし悪しを素人目で判断するのはなかなか難しいものです。昆布ほど見分け方の難しい乾物はないといってもいいでしょう。

すごくいい昆布を手に入れたいと思うならば、餅は餅屋というように、やはり実際に昆布屋さんなり乾物屋さんなりに足を運んで、お店の人に聞くのが一番だと思います。

しかし奥薗流では、細く切って丸ごと全部食べるわけですし、ですから私は、毎日気楽に使うほうがいいと思っています。特別高価なものを求めるというよりは、まずは、近くのスーパーで売っているような無選別のお徳用サイズの安い昆布でいいと思うのです。

最初から高い昆布を買っても、そのよさを理解するには時間がかかるし、値段の高いものって、つい特別なもののような気がして、大事に取っておきがちだと思うのです。

その点安い昆布なら、気楽にバンバン使ってもぜんぜん惜しくないので、そういう意味では、気楽になんにでも使えるし、安い昆布は確実に薄いので、短冊に切っておくのもすごく楽なのです。ですから、昆布初心者の方は、まずは安い昆布を買ってきて、その1袋を使い切ってみるところから始めてはいかがでしょう?

●絶対お得な昆布とは

それで昆布のおいしさに目覚めたら、それからは、昆布の銘柄や質のようなものに、少しずつこだわっていったらいいと思います。

そういう意味では、昆布の切り落としは特におすすめです。前半の章でもご紹介しましたが、切り落としというのは昆布のいい部分だけを切り取った残りの部分で、これを細かく切ったものです。スーパーなどで売っていることもありますが、昆

布専門店や乾物屋さんに行けば確実に手に入ります。

よくデパートなどで、きれいに四角く切って高級そうな透明の袋に入って売られている昆布がありますね。あれは昆布の一番いいところを切り取って、包装して売っているわけですから、確かによいものですが値段もよいということになります。切り落としというのは、あのきれいな昆布を切り取った残りの部分を裁断して売っているものなので、もとは由緒正しき羅臼昆布だったり真昆布だったりするわけです。ですから、味は保証付きでお得というわけです。

お得な切り落としの部分を、もっと活用したい

しかも、最初から使いやすいようにある程度細かく切ってあるし、端のほうなので、薄く、さらに細かく切るのも簡単。普段使いなら、これで充分だと私は思います。

●気に入ったらランクを上げて購入

さて、昆布の買い方ですが、スーパーでもいいのですが、できれば乾物屋さんや昆布専門店をぜひ一度のぞいてみてください。乾物屋さんや昆布専門店って、なんだか敷居が高いような気がしますが、値段的にはむしろ安くていいものが手に入ると思いますよ。

もしも近所にそういったお店がない場合は、インターネットでも買えるお店がずいぶん増えましたから、チェックしてみてはいかがでしょう。

そういう場合も、いきなり高いものを買うよりは、切り落としやちょっと安めのものから買い始め、気に入ったら少しずつランクを上げていくというような買い方が、私はいいと思います。

また昆布専門店などでは、親しくなればいろいろな情報も流してもらえますから、そういう意味でもお得だと思います。

冷蔵庫での保存は、おすすめできない

袋も売られているので、ジッパー付きの袋に移し替えるという手もあります。しかし、袋状になったものはどうしても縦か横に収納ということになりますから、いつも目につくように保存しておくことが難しいように思うのです。

つまり、本棚のように立てて収納しても、引き出しの中にしまいこんでも、いずれにしても視覚から消えてしまうので、使うたびにわざわざ取り出すといった感じになりがちだと思いませんか？　やはり昆布を当たりまえに使おうと思ったら、パッと手の届く場所にいつも見えている状態で置いておくこと、これが大切だと思います。

近ごろ、のりでも昆布でも冷蔵庫や冷凍庫に保存している人をよく見かけますが、私は、あれも使いにくくなっている原因のような気がして仕方がありません。しかも冷凍や冷蔵した乾物は常温に出すとあっという間に湿気を帯びてしまうので、必要な分を取り出したら、そそくさとまた冷

●湿気とにおいをシャットアウト

昆布を保存するときに、もっとも注意をしなければいけないことは、やはりにおいと湿気だと思います。これは昆布だけではなく、たぶんすべての乾物についていえることなのだとは思いますが、いやなにおいがついてしまったら、もうこれは抜くことができません。また湿気を帯びた昆布をもう一度乾燥しても、品質はやはり元通りにはなりません。

そういう意味からも、すでにご紹介したように、買ってきたらまず短冊に切って、中の見えるふた付きの保存容器に入れて保管しておくというのは、とても利にかなっていると思います。買ってきたままの袋って、案外ごわごわしていて、口をゴムで留めるにもクリップで留めるにも、留めにくいですものね。

●冷蔵すると、むしろ湿気の原因に

最近では、口のところがジッパーになっている

蔵庫の中にしまわなければならないので、むしろ、面倒な気がするのです。特に冷蔵保存の場合は最悪で、庫内の中でも袋の中は結露するので、むしろ湿気を帯びて乾物をだめにしてしまう可能性があります。

●常温で保存し、どんどん使用を

私は、昆布は常温で保存していますが、常温で、今まで問題が起こったことは一度もありません。もしも常温保存で品質が低下したとか、虫がわいたとか、そんなことが起こったとしたら、そんなことになる前に、もっとジャンジャン使って食べてしまってくださいといいたいのです。問題は常温保存ではなく、ずーっと使わないで置いてあることにあるのだと思うのです。

乾物がズラリ並んだわが家の保存棚。
すぐ手の届くところに収納

中の見える容器に入れて
常温で保存を

すぐに使える工夫をして、どしどし使う

昆布のスピードクッキング

●思い立ったら、すぐ調理開始

昆布というと、一晩じっくり水に浸けて、それから火にかけ、お湯が沸騰してくる前に引き上げて、というのが一般的な昆布だしの取り方です。けれどここまで書いてきたとおり、奥薗流の昆布だしの使い方は、引き上げずにそのまま食べてしまうので、従来の使い方とは少し違うのです。

そんなわけで、前もって昆布を水に浸けて置くなどということもしません。思い立ったら即、短冊切りにして保存してある昆布を1枚取り出して、水の入った鍋の上でチョキチョキ細切りにしていき、後はすぐに火にかけてOK。

これで本当に昆布のだしが出るのかと思われるかもしれませんが、ちょっと鍋料理に昆布を使うときのことを思い出してみてください。一般的な方法は、昆布に切り込みを入れて鍋底に入れ、火にかけるのではありませんか?

なんのために切り込みを入れるかといえば、昆布の切れ目から旨みが出やすいようにですよね。となると、切り込みを入れるよりも細切りにしたほうが、ずっと断面は多いわけですから、旨みは出やすくなります。事実、あるテレビ番組で調べてもらった結果、大きいままで使うよりも7倍も旨み成分が多く出たといううれしい結果に。

それでもまだ半信半疑の人は、細切りにした昆布を火にかけるとき、弱火でゆっくりじわじわと温度を上げてください。じわじわ上げることで、あらかじめ水に浸けておいたのと同じように、旨み成分が出やすくなるのです。

●過ぎたるは及ばざるが如し

実は何年も前に、細切りにするよりも電動ミルで粉末にしたほうがもっとよいだしが出るのではないかと考えたことがありました。思い立ったら即実行。手持ちの昆布を電動ミルにかけて粉末にしてみたのです。けれど、結果は惨憺たるものでした。昆布の味が強烈で、むしろえぐかったり、とろみがつきすぎて気持ちが悪くなったり……。

通常は、昆布のだしを取るときに私たちが使う昆布の量って、1×10㎝くらいのもの1枚程度でしょう？　それを粉末にしたら、せいぜい耳かき1杯にも満たないくらいの量です。

それが、いざ昆布粉を目の前にするとすっかり気が大きくなって、小さじ1杯くらい平気でバサッと入れてしまう。つまり入れすぎですね。そうなると過ぎたるは及ばざるが如しのたとえどおり、逆にえぐくなって、とてもじゃないけれど食べられない代物ができあがるというわけです。

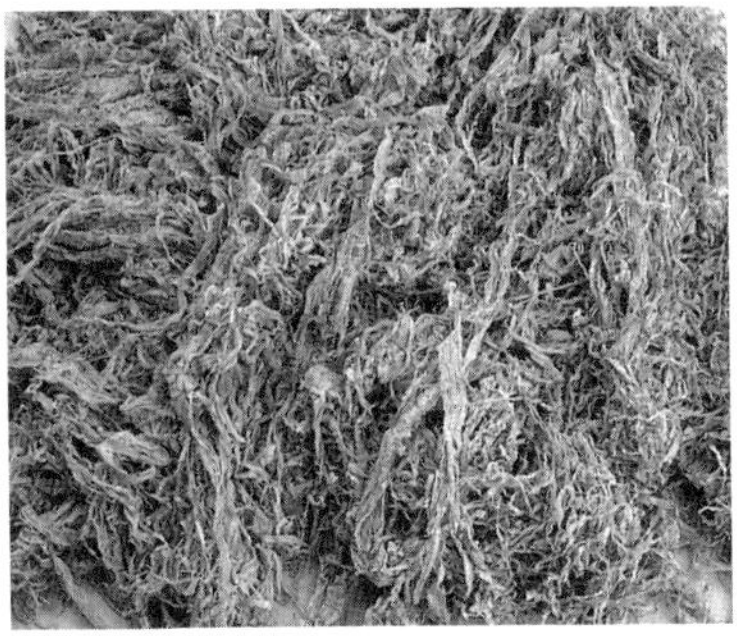
とろろ昆布やおぼろ昆布をだし代わりに

昆布粉も使い方によっては便利なものかもしれませんが、くれぐれも使う量には注意してください。ちなみに私は、細切り昆布のほうが失敗することも入れすぎることもなく、むしろあっさりした昆布本来のだしが取れるように思います。そのため、以来昆布粉なるものは使っておりません。

●とろろ昆布やおぼろ昆布をだし代わりに

さて、昆布の旨みを持っているのは、だし昆布だけではなく、とろろ昆布も実にいいだしの素になってくれます。おぼろ昆布やとろろ昆布の原料が、真昆布や利尻昆布を使っている場合が多いことを考えれば、いい味が出ないわけがないと思いませんか？

とろろ昆布やおぼろ昆布をだし代わりに使うときは、あらかじめ下処理をして細かくほぐしておくか、粉にしておく必要があります（p34参照）。お湯を注げばそのまま昆布茶としても楽しめるくらいですから、だし代わりに充分使えます。市販の昆布茶を調味料代わりに使う人もいますが、けっこう化学調味料などが入っていたりすることを考えれば、自家製のとろろ昆布粉のほうが安心して使えると思いますし、使い勝手がいい。本文の中で、とろろ昆布のさまざまな使い方も紹介していますが、とろみがつくことを計算に入れて少しずつ加えていくのが、失敗しないコツです。

昆布を添えるだけで旨みと風味が増す

昆布巻きはおかずにもお弁当にも重宝

●

デザイン——寺田有恒
撮影——野村　淳

著者プロフィール

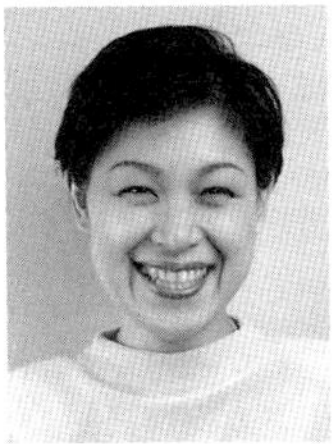

●奥薗壽子（おくぞの　としこ）

京都市生まれ。神戸市外国語大学中国学科卒業。料理は「楽しくシンプルに」がモットー。イイカゲン、テキトーにつくっても美味でヘルシー、と評判の料理を広めたり、自由な発想で気楽に乾物を使いまわし、ゴミを出さない調理法を普及したりしている。雑誌、テレビ、講演会、料理教室などで全国を飛びまわるかたわら、台所を牛耳っている全国の生活者をネットワークでつなぐ「お台所奉行の会」を主宰し、会報「なべかま通信」、メーリングリスト「なべかまメール」を発信。ナマクラ流ズボラ派の家庭料理研究家として活躍している。

著書に『奥薗壽子のごはん料理ありったけ』『子育て「おやつ」わたし流』（ともに農文協）、『ズボラ人間の料理術』（サンマーク出版）など多数。

ホームページ http://www1.odn.ne.jp/~cce89410

[遊《あそ》び尽《づ》くし] もっと手軽《てがる》に昆布術《こんぶじゅつ》

2002年11月10日　第1版発行

著　　者――奥薗壽子《おくぞのとしこ》

発 行 者――相場博也
発 行 所――株式会社 創森社
〒162-0822 東京都新宿区下宮比町2-28-612
TEL 03-5228-2270　FAX 03-5228-2410
http://www.soshinsha-pub.com
振替 00160-7-770406
印刷製本――中央精版印刷株式会社

ISBN4-88340-143-X C0077

［遊び尽くし］シリーズ　●創森社

雑穀つぶつぶクッキング
雑穀をおかずの食材とした創作料理や雑穀粉でつくる風味豊かなお菓子など、おいしい元気いっぱいのレシピ集。

A5判・144頁・定価（本体一四〇〇円＋税）　大谷ゆみこ著

貝料理あれもこれも
貝類は栄養豊富で消化にもよく、独特の旨みが万人受けの理由。代表的な食用貝の下処理から調理法、食べ方を紹介。

A5判・136頁・定価（本体一三〇〇円＋税）　臼井一茂編

国産小麦&天然酵母でパンづくり
素材にとことんこだわり、麦づくりからパンづくりまでを手がける著者。安全でおいしいパンのつくり方を具体的に紹介。

A5判・136頁・定価（本体一三〇〇円＋税）　片岡芙佐子著

おかゆ一杯の底力
しみじみ旨くてヘルシーなおかゆ。組み合わせる具によって豪華にも質素にもなる。一一〇点の旬菜おかゆレシピ満載。

A5判・144頁・定価（本体一三八〇円＋税）　境野米子著

国産&手づくりワイン教本
国産ワインの生い立ちや楽しみ方、日本全国おすすめのワイナリーを紹介。さらに自家醸造のワインづくりなどを手ほどき。

A5判・144頁・定価（本体一四〇〇円＋税）　澤登晴雄著

妻家房の韓国家庭料理
韓国の家庭料理は実に多彩で滋養に富み、野菜たっぷりのヘルシー食。簡単でおいしい韓国家庭料理のつくり方を紹介。

A5判・112頁・定価（本体一五〇〇円＋税）　呉永錫・柳香姫著

産地発　梅クッキング
日本一の梅産地・紀州の梅暦、梅仕事の勘どころと梅酒、梅干しづくりの基本、青梅&梅干し料理のコツを大公開。

A5判・112頁・定価（本体一二三八円＋税）　梅料理研究会編

日本茶を一服どうぞ
元来、心身をほぐしたり癒したりする日本茶。その成分、効用、飲み合わせ、さらに気軽な飲み方、いれ方を解説する。

A5判・116頁・定価（本体一三三三円＋税）　小川誠二著

にんにく丸ごとクッキング
パワーアップ食材にんにく。おいしく正しくダイナミックに、をモットーに、にんにく丸ごと料理&保存食のつくり方を紹介。

A5判・120頁・定価（本体一三三三円＋税）　吉田昌俊著

技あり　焼き肉指南
焼き肉の材料、焼き方、食べ方は百人百様。素材の見きわめ方、求め方から下ごしらえ、たれ、焼き方までを解説する。

A5判・112頁・定価（本体一三三三円＋税）　石原隆司・石原まり著

女将の評判おにぎり
横浜「元町梅林」の女将である平尾禮子さんがつくる多種多様のおにぎりが大評判。絶品おにぎりのすべてを手ほどき。

A5判・112頁・定価（本体1238円＋税）　平尾禮子著

HOW TO　炭火料理
直火焼きなら炭火に勝るものなし。穀菜、肉、魚介などの食材を生かし、コツをつかんで焼き上げるための極意を伝授する。

A5判・128頁・定価（本体一三三三円＋税）　炭文化研究所編

開け　ごまクッキング
ごまは健康の維持・増進に欠かせない食材。栄養豊かなごまを使った料理や菓子のつくり方を紹介。ごまの魅力全開の一冊。

A5判・112頁・定価（本体一三〇〇円＋税）　岩崎園江著

まめに豆腐クッキング
定番の冷奴、湯豆腐から技ありの肉豆腐、豆腐ステーキ、麻婆豆腐などまで盛りだくさん。手づくり豆腐のコツも指南。

A5判・112頁・定価（本体一三〇〇円＋税）　長谷部美野子著

漁港発　イカ料理お手本
イカの種類や部位の特徴、用途、丸ごと一杯のさばき方を解説。さらに絶品イカ料理、塩辛、一夜干しのつくり方を紹介。

A5判・96頁・定価（本体一二〇〇円＋税）　三崎いか直販センター

創森社　〒162-0822 東京都新宿区下宮比町2-28-612　TEL03-5228-2270　FAX03-5228-2410
＊定価は変わる場合があります